川渝黔

丹霞地貌研究

孙永兴　罗成德　王付军◎著

西南财经大学出版社

中国·成都

图书在版编目(CIP)数据

川渝黔丹霞地貌研究/孙永兴,罗成德,王付军著.—成都:西南财经大学
出版社,2023.12
ISBN 978-7-5504-5480-4

Ⅰ.①川…　Ⅱ.①孙…②罗…③王…　Ⅲ.①丹霞地貌—旅游资源
开发—研究—中国—西南地区　Ⅳ.①F592.77

中国版本图书馆 CIP 数据核字(2022)第 140686 号

川渝黔丹霞地貌研究
CHUANYUQIAN DANXIA DIMAO YANJIU
孙永兴　罗成德　王付军　著

策划编辑:李邓超　王　琴
责任编辑:王　琴
助理编辑:冯　雪
责任校对:杨婧颖
封面设计:墨创文化
责任印制:朱曼丽

出版发行	西南财经大学出版社(四川省成都市光华村街 55 号)
网　　址	http://cbs.swufe.edu.cn
电子邮件	bookcj@swufe.edu.cn
邮政编码	610074
电　　话	028-87353785
照　　排	四川胜翔数码印务设计有限公司
印　　刷	郫县犀浦印刷厂
成品尺寸	170mm×240mm
印　　张	12.75
字　　数	200 千字
版　　次	2023 年 12 月第 1 版
印　　次	2023 年 12 月第 1 次印刷
书　　号	ISBN 978-7-5504-5480-4
定　　价	78.00 元

前言

  丹霞地貌是近几十年日益引人瞩目的一种地貌类型。"丹霞"一词源自曹丕的《芙蓉池作诗》——"丹霞夹明月，华星出云间"，意指天上的彩霞。这一命名始于中国，并逐步走向世界。

  国内学者对丹霞地貌的初步认识始于20世纪30年代陈国达对华南红层山地的研究，他发现以广东丹霞山为代表的红层地貌是一种特殊的地貌，于是将其命名为"丹霞地形"。20世纪50年代，曾昭璇等人进一步将丹霞地貌作为一种独立的地形，列入岩石地形学范畴。此后，丹霞地貌日益为中国地貌学者所重视。进入20世纪80年代，随着中国旅游业的发展，丹霞地貌以其鲜艳的颜色、奇特的形态、壮丽的崖刻及崖寺景观，吸引了广大旅游者，并成为一种重要的旅游资源。1991年，中国地理学会在广西桂林召开地貌学术会议，北京大学陈传康教授、中山大学黄进教授发起了在地貌学界成立"丹霞地貌学术研究会"的提议，该提议得到了与会者的热烈响应。从此，我国对丹霞地貌学的调查、研究逐步发展起来。黄进作为丹霞地貌学术研究会第一任理事长，成为中国丹霞地貌研究的带头人。他花费20余年的精力，带领学者和研究人员探访了全国1 000多处丹霞地貌分布地，为研究中国丹霞地貌的成因、形成机理等奠定了基础。2009年，丹霞地貌学的继起学术带头人——中山大学彭华教授，组织了中国广东丹霞山、福建武夷山、浙江江郎山、湖南崀山、贵州赤水六大丹霞地貌景区申报世界自然遗产，并获得成功。从此，中国的丹霞地貌被世界认知，丹霞地貌这一地貌类型也被世界认同，丹霞地貌学的研究也由国内走向了世界。2015年，在国际地貌学家协会红层与丹霞工作组主席彭华的努力下，丹霞地貌学被纳入国际地貌学范畴，从而拉开了丹霞地貌研究从中国走向世界的帷幕。

定义丹霞地貌是研究丹霞地貌的核心问题，而这经历了漫长的探讨过程。丹霞地貌的命名虽已近百年，但对它的研究才只有近30年。其中最基本的是对丹霞地貌范畴和定义的研究。一种新地貌类型的诞生，它所包含的范畴、概念或定义的规范化、标准化是很重要的。丹霞地貌定义的确立经过了几十年的反复探讨。

1928年，获美国哥伦比亚大学地质学硕士学位的矿床学家冯景兰在我国广东省韶关市仁化县丹霞山注意到了分布广泛的第三纪（6500万—165万年前）红色砂砾岩层。在丹霞山地区，厚达300~500米的岩层被流水、风力等侵蚀，形成了堡垒状的山峰和峰丛，千姿百态的奇石、石桥和石洞。冯景兰意识到，这是一种独特的地貌景观，并把形成丹霞地貌的红色砂砾岩层命名为"丹霞层"。

1938年，陈国达首次提出"丹霞地形"的术语，但受当时技术条件和岩性分析仪器等设备的限制，并未对其概念加以描述或定义。

1977年，地貌学家曾昭璇第一次把"丹霞地貌"作为地貌学术语来使用。

1980年，曾昭璇、黄绍敏在《中国自然地理·地貌》中的"丹霞式丘陵"部分，首次详细描述了丹霞地形是"我国南方许多红层盆地中独有的单层很厚、固结坚硬的砾岩和砂砾岩，在热带与亚热带高温多雨的气候条件下，经过特定的风化与冲刷，往往形成丹崖峭壁、石峰林立的地貌"，并总结"所有各类丹霞地形，其共同特点是具有垂直的崖壁"。

但囿于调查范围，《中国自然地理·地貌》仅将丹霞地貌局限于我国南方热带与亚热带高温多雨的区域。

1981年，黄进在山西大同第一次参与构造地貌的学术会议交流，并于1982年发表了《丹霞地貌坡面发育的一种基本方式》一文，这是中国首篇论述丹霞地貌的文章。这个时期正是中国旅游业大规模发展的起始阶段，丹霞地貌作为一种重要的旅游资源，受到了来自社会各界越来越多的关注。为此，黄进将过去通称的"丹霞地形"与"红色砂岩地形"正名为"丹霞地貌"，得到了学术界的广泛认可，并一直沿用到今天。

1982年，孙鼐等人编写的《地理学词典》将"丹霞地貌"定义为"巨厚红色砂砾岩上发育的方山、奇峰、赤壁、岩洞和巨石等特殊地貌"。此定义对丹崖峭壁的主要特点突出不足。

1983年，许杰等人编写的《地质词典（一）》首次明确了丹霞地貌的英译为"Danxia landform"，并定义其为"厚层、产状平缓、节理发育、铁钙质胶结不匀的红色砂砾岩，在差异风化，重力崩塌、侵蚀、溶蚀等综合作用下形成的城堡状、宝塔状、针状、柱状、棒状、方山状或峰林状的地形"。这是学术界对丹霞地貌所下的第一个定义。该定义囊括了丹霞地貌的很多内容，但对丹崖峭壁主要特征的描述仍不够突出。此外，丹霞地貌的形状不一定是平缓的，峰丛、巨石、洞穴等也是存在的。

1985年，曾昭璇在《中国地形》一书中，将"丹霞地形"定义为"由红色厚层砂岩、砾岩所形成的蚀余山"。但这一定义似乎过于简略，因为丹霞地貌也并不都是蚀余山。

1988年，黄进在西安召开的全国第四届旅游地学研究会上交流的学术论文《丹霞地貌与旅游资源》，将"丹霞地貌"定义为："发育于侏罗纪至第三纪的水平或缓倾斜的厚层紫红色砂岩、砾岩层之上，沿岩层垂直节理有水流侵蚀及风化剥落和崩塌后退，形成顶平、身陡、麓缓的方山、石墙、石峰、石柱等奇险的丹崖赤壁地貌。"

1990—1991年，黄进在考察西南、西北地区部分丹霞地貌的基础上，与陈致均、黄可光展开研究，将"丹霞地貌"的定义修改为："主要发育于中生代至第三纪的水平或缓倾斜的红色、厚层、坚硬、垂直节理发育的砾岩、砂岩等碎屑岩系之上，在新构造运动间歇性上升区，沿岩层的节理、层理，由流水侵蚀、崩塌后退、风化剥落、波浪冲蚀、岩溶作用及风的侵蚀等外力作用，形成顶平（或顶斜、顶圆）、身陡、麓缓的悬崖、方山、岩堡、岩塔、岩墙、岩峰、岩柱、岩菇及岩槽、岩洞、岩堆、岩块等奇、险、秀、美的丹崖赤壁地貌，称为丹霞地貌。"此定义虽全面，但过于冗长。鉴于此，1992年，黄进将定义简化为"红色碎屑岩陡崖及其有关地貌称为丹霞地貌"或"由红色砂砾岩形成的丹崖赤壁及其有关地貌称为丹霞地貌"。他解释说，"有关地貌"包括详细定义中由陡崖包围的方山、岩堡、岩塔等及陡崖上产生的岩槽、岩洞和陡崖发生崩塌堆积在崖麓的岩堆、岩块及缓坡地貌。这一定义可谓又大大前进了一步。

1993年，周定一将丹霞地貌定义为："发育于中生代至第三纪的水平或缓倾斜的厚层陆相紫红色或红色碎屑岩系上；沿岩层断裂或节理由水流侵蚀、风化剥落和崩塌形成的丹崖赤壁地貌。"此定义提出了"陆相"，纠正了当时一度以刘尚仁等主张"海相红色碎屑岩乃至所有红色沉积岩构成丹崖赤壁的地貌都是丹霞地貌"的说法。

1993年，彭华力主对红色碎屑岩加上"陆相"的限制，将丹霞地貌定义为"以赤壁丹崖为特征的红色陆相碎屑岩地貌"。从此，陆相碎屑岩和丹崖赤壁或陡峻坡面逐步得到广大研究者的认可，关于丹霞地貌定义的讨论，基本得到一致结论。

为了防止丹霞地貌定义的泛化，罗成德于1994年对丹霞地貌陡崖角度与相对高度提出了量化标准。按《中国1:100万地貌图制图规范（试行）》，如果坡度大于35度但小于60度，对于丹霞地貌来说偏小。而在我国南方，山体坡度小于60度，一般被绿色植物覆盖，并无丹崖可言，亦不足以体现丹霞地貌之奇，故以坡度大于60度为宜。罗成德提出陡崖相对高度大于10米的标准，这一标准已被丹霞地貌学术界认可。2003年，黄进对红层也提出了量化标准：红色地层厚度大于整个地层的50%。这些对丹霞地貌的判定无疑有很大的帮助。

2006年，在丹霞地貌申报世界遗产的过程中，彭华等国内外学者将"丹霞地貌"的定义简化为"以陡崖坡为特征的红层地貌"。这一定义体现了丹霞地貌的两个基本属性：物质组成的红层和形态特征的陡崖坡。"红层地貌"概念通行于世界地貌学界。红层主要是指陆相红色碎屑岩沉积，以红层取代红色碎屑岩是恰当的，同时包含干旱区红色泥岩和海陆交互相夹有蒸发岩的红层也可形成丹霞地貌，显然这一定义更具有普适性。至此，中国学者对丹霞地貌的定义与世界接轨，并走向世界。

综上所述，丹霞地貌就是岩石地貌中具有陡崖坡的红层地貌。

就目前调查的结果来看，除南极洲外，红层形成的丹霞地貌遍布世界，其密集区域首属中国，其次是美国，再次是澳大利亚。中国的丹霞地貌主要分布在三大区域，即东南区域、西南区域和西北区域。其中，西南区域以四川盆地为主。根据黄进调查统计，中国有丹霞地貌景点1 100余处，其中西南地区有358处，约占全国的32.5%，而四川盆地及其周边，即川、渝、黔北地区就有丹霞地貌303处，约占西南地区的84.6%。

川渝黔地区不仅丹霞地貌景点众多，而且构成丹霞地貌的红层形成的地质年代跨越时间长（从早三叠纪到侏罗纪、白垩纪、古近纪，绵延1.5亿年以上），分布区域既有丘陵、山地，也有高原。无论是考察地质年代、岩石特征、地层产状、构造特征，还是考察正负地形差异、单体地貌差异、地貌组合、外力作用差异、色彩差异等多方面，川渝黔地区的丹霞地貌类型都是多样的，可谓姿态万千，而且丹崖赤壁的观赏价值高，负载的物质文化遗产和非物质文化遗产十分丰富，因而形成了大量宝贵的遗产地和高品位的旅游资源。其中，赤水丹霞地貌因丹霞地貌突出而被列为世界自然遗产；乐山凌云山丹霞崖壁因负载有古代世界第一巨佛而和峨眉山一并被列入世界自然与文化遗产地；还有青城山与都江堰、剑门蜀道、大足石刻等地，也是因丹霞地貌承载的文化遗产厚重且独特而被列入了世界文化遗产。区域内丹霞地貌因风光极佳而被列入国家级风景名胜区的有8处，因负载文物价值极高而被列入全国重点文物保护单位的有263处之多。

由此可见，四川盆地及其周边诸小红层盆地的丹霞地貌旅游资源十分丰富，尤其负载的文化积淀产生的丹霞文化旅游资源十分丰富，非一般丹霞地貌区域可比。研究、保护、开发本区域的丹霞地貌无疑是本区域社会发展的一大课题；观察、欣赏、领略丹霞地貌自然之美及多样化的丹霞文化之美，无疑对人们的身心健康有极大的好处。

本书分为上编、下编两个部分。上编为概述，主要介绍本区域红层盆地的演化，区域内丹霞地貌的成因、类型、特色、区域分布和丰富多样的丹霞文化。下编为分述，即分片区介绍以一个或数个主要丹霞地貌旅游景点为中心，兼及周边的其他丹霞地貌旅游景点，供丹霞地貌旅游爱好者旅游参考。

孙永兴

2023 年 5 月

目录

上编 概述

1 川渝黔丹霞地貌的地质基础 / 3

  1.1 川渝黔丹霞地貌的地域分布 / 3

  1.2 大地构造对形成红层盆地的影响 / 4

  1.3 构成丹霞地貌的红层地层情况 / 6

  1.4 新构造运动对红层的影响 / 11

2 气候对红层的影响 / 14

  2.1 古代气候对红层形成的影响 / 14

  2.2 现代气候对红层的改造 / 15

3 红层的喀斯特化现象 / 18

  3.1 红层喀斯特化的普遍性 / 18

  3.2 红层喀斯特化的差异性 / 22

4 区域内丹霞地貌类型 / 28

  4.1 按地层年代分类 / 28

4.2 按构造分类 / 29

4.3 按岩性分类 / 31

4.4 按外力作用的成因分类 / 32

4.5 按地貌形态分类 / 36

4.6 按发育阶段分类 / 49

5 区域内丹霞地貌负载的文化遗存 / 50

5.1 宗教文化遗存 / 51

5.2 丹霞崖墓文化遗存 / 56

5.3 丹霞古寨文化遗存 / 59

5.4 其他丹霞地貌负载的历史文化遗存 / 65

6 地球内外力对丹霞地貌的破坏 / 69

6.1 地球内力对丹霞地貌的破坏 / 69

6.2 地球外力对丹霞地貌的破坏 / 71

下编　游遍川、渝、黔北丹霞美景

7 龙门—米仓山前丹霞地貌区 / 77

7.1 凿玉垒福泽万代,开丹崖青城洞天 / 77

7.2 剑门蜀道多奇峰,安县砾宫有龙泉 / 81

7.3 剑门雄关誉天下,金牛古道通千年 / 84

7.4 南龛唐艺存巴中,"赤化全川"在通江 / 87

7.5 天台丹霞多奇景,芦山峡谷少明霞 / 89

8　古代蜀湖东南部丹霞地貌区 / 93

8.1　茂林飞瀑隐丹霞，野生苑圃育熊猫 / 93

8.2　总岗逶迤二百里，丹崖错落千万年 / 97

8.3　峨眉北延多奇景，唐风遗韵数夹江 / 100

8.4　三江波撼乐山城，一山凿就弥勒佛 / 104

8.5　青神三峰如笋立，牛角一佛傍坛神 / 107

8.6　石城、云顶一古堡，峡谷、石龙两新景 / 110

9　古代巴湖西部丹霞地貌区 / 115

9.1　萧洞飞虹洒碎玉，十丈空处武侯通 / 115

9.2　八仙山石窟古佛，岷江畔"丹山碧水" / 119

9.3　蜀南竹海飞七彩，石城森林矗丹崖 / 123

10　古代巴湖南部贵州高原北缘丹霞地貌区 / 129

10.1　黄荆处处多奇境，丹山时时显华彩 / 129

10.2　赤水赤山赤文化，万崖千瀑有绿装 / 134

10.3　夜郎山高原峡谷，天鹅池地震遗址 / 145

10.4　福宝天堂降人间，神臂铁泸砥中流 / 150

10.5　四面丹崖尽瀑布，老瀛红层多龙迹 / 156

11　四川盆地中部丹霞地貌区 / 160

11.1　唐宋蜀中多大佛，荣资金身耀千年 / 160

11.2　安岳石刻精又广，大足石刻名远扬 / 163

11.3　钓鱼城独钓蒙元，石宝寨古建奇特 / 174

12　川西高原、山地丹霞地貌区 / 179

12.1　公山母山狮子山，清水泉水南海水 / 179

12.2　新龙红山耀眼红，雪域丹霞寒冻成 / 182

参考文献 / 185

后记 / 190

上编
概述

1 川渝黔丹霞地貌的地质基础

1.1 川渝黔丹霞地貌的地域分布

川渝黔区域的丹霞地貌主要分布在四川红层盆地及其周边的小红层盆地。四川盆地位于我国西南地区，四周高山、高原环绕，西北有龙门山，北有米仓山、大巴山，东有巫山，南有贵州高原，西有邛崃山、大凉山；总体略呈平行四边形，北起广元，南达古蔺，西至雅安，东抵奉节；地跨四川东部、重庆大部、贵州北部，面积约 26 万平方千米。其区域与古地理侏罗纪时期的四川古湖相当，是我国出露红层面积最大、形态最为完整的红层盆地，不似我国其他的大红层盆地，如塔里木红层盆地绝大部分为沙漠覆盖，鄂尔多斯红层盆地也绝大部分为黄土覆盖。四川盆地出露的红层约 20 万平方千米，约占四川盆地总面积的 77%。

西昌红层盆地（攀西红层盆地）位于四川盆地西南部，东有大凉山、鲁南山，西有牦牛山、龙帚山，呈南北向分布，与侏罗纪时代的西昌古湖（攀西古湖）相当；由南北两个次级盆地组成，北面的西昌红层盆地主体部分面积约 1 700 平方千米，南部的会理—会东红层盆地面积约 120 平方千米。

此外，在四川盆地周围还有不少大大小小的红层盆地星罗棋布。在青藏高原东部的川西高原上有郎木寺—红星红层盆地、石渠红层盆地、雀儿山红层盆地和松潘红层盆地等。其中，在四川省区域内的郎木寺—红星红层盆地在四川部分面积约 130 平方千米；石渠红层盆地面积约 70 平方千米；松潘红层盆地由几个小红层盆地组成，大的也有 70 平方千米，小的仅有 1 平方千米左右。横断山区有新龙红层盆地、沙鲁里红层盆地、盐源红层盆地等。其中，著名的丹霞地貌景观有：盐源红层盆地，面积约 12 平方千米；新龙红层盆地由几个小红层盆地组成，总面积约 10 平方千米；银多红层盆地面积仅有 3 平方千米左右，但以海拔极高的艳丽丹霞而著名。四川盆地东南部的武陵山区，则有黔江红层盆地、酉阳红层盆地、松桃红层盆地。面积最大的黔江红层盆地约有 5 平方千米，面积最小的松桃红层盆地仅约 2 平方千米。

1.2 大地构造对形成红层盆地的影响

四川盆地位于上扬子板块的四川地块上。这一地块基底为元古界结晶的岩浆岩和变质岩，质地刚硬，是形成宽阔的四川红层盆地的基础。在地球板块的运动历史中，上扬子板块所在的古华南陆块在寒武纪时期位于赤道附近，长期处于当时泛大洋的海平面下，只是在早古生代短暂成陆，在干热气候条件下沉积，形成厚度不足 10 米的以泥岩、粉砂岩为主的红层。后来，古华南陆块因古特提斯洋的海底扩张逐步向南漂移，古生代末期到达赤道，于中生代初，南半球的新特提斯洋海底开始扩张，北半球的古特提斯洋开始萎缩，二叠纪末期古华南陆块向北漂移至北纬 30°附近，在干热气候条件下，沉积形成了而今四川盆地西部及盐源一带的上二叠纪统和下三叠统陆相红层，厚度为数十米到 300 米不等。

中生代三叠纪末期，古华南陆块向北漂移与北方的古华北陆块对接，它们之间的秦岭洋关闭，挤压形成古秦岭、古大巴山，同时古华南陆块向西北面（图 1-1）的松潘地体一带俯冲、推覆，形成古龙门山、古邛崃山，它们的东南地壳相对下沉坳陷，贵阳以东南则地壳隆起，四川盆地格局初成，海水向西南退却，侏罗纪时陆内坳陷、盆地形成，古湖呈舌状，由四川盆地连通西昌—会理盆地，向南连通云南的元谋盆地，一直到红河。这次东亚大范围的构造运动，被称为"印支运动"。湖盆内沉积了大面积的河湖相红色地层。侏罗纪时期，汉源到昭觉一线相对隆起，沉积也有差异，故东部为四川古湖，西部为西昌古湖（攀西古湖）。四川古湖部分的侏罗系红层厚度最厚可达近 5 000 米，西昌古湖部分的侏罗系红层厚度一般为 2 000~3 000 米。

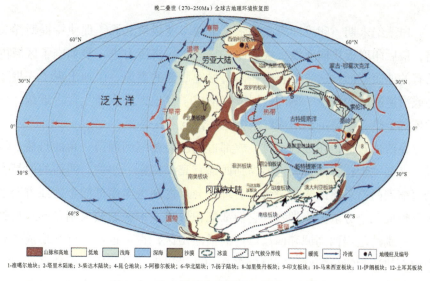

图 1-1　晚二叠世全球板块、陆块分布图

（李江海，等. 全球古板块再造、岩相古地理及古环境图集 [M]. 北京：地质出版社，2013.）

　　侏罗纪末期，新特提斯洋海底继续扩张，洋底向北方的亚洲板块俯冲，而太平洋洋底也向西面的亚洲板块俯冲，二者挤压形成了强烈的燕山运动，这一运动造成四川盆地地层出现大量的褶皱、断裂、坳陷和抬升。这些构造变形，在川西高原则以北西向为主；横断山区以南北向为主。四川盆地的岩石圈断裂多在此时形成或在此时大大加深。四川盆地特殊的隔档式或隔槽式地质构造就是基底断裂造成基底的上升或下降，引起盖层变形。由于区域内地壳总体抬升，副热带气候干热，大型湖盆趋于萎缩。四川古湖盆中东部大幅抬升，白垩纪时古湖退缩到湖盆西北，沿龙门山前呈北东向展布，是为成都古湖，也叫蜀湖；而向西南退缩部分则成为川南古湖，也叫巴湖。前者沉积形成了 4.1 万平方千米左右的红层，后者沉积形成了 8 000 多平方千米的红层。西昌古湖也退缩为北部的西昌湖和南部的会理—会东湖，前者面积较大，沉积形成了 200 多平方千米的红层。

　　区域内燕山运动造成的断裂主要是压性断裂，分为多逆断层和逆掩断层，龙门山的逆掩断层造成大型的推覆体。在彭州一带，老的二叠系石灰岩地层覆盖在地质时代的新的三叠系上部地层，有些老的二叠系石灰岩地层甚至覆盖在了侏罗系红层之上，形成著名的飞来峰地貌。四川盆地东南因挤压形成了黔江、酉阳、松桃三个山间坳陷盆地，沉积形成白垩系红层。

白垩纪末期，印度洋海底扩张，推动印度板块北漂，促使特提斯洋关闭，最后印度板块向亚欧板块俯冲，它造成的挤压力进一步加剧了区域内已有的地质变形，这主要表现在四川盆地西部的高原、山地出现了一批坳陷或沿逆断层的下盘一侧因地层下降形成了盆地，进入新生代古近纪，气候依然干热，于是沉积形成红层，这是古近系红层。

在四川盆地，在古近纪时，成都古湖已经萎缩到西南一角的丹棱、洪雅、夹江一带；川南古湖也萎缩到西部宜宾的柳家一小块；西面的西昌古湖退缩到西昌东北的米市一带，会理—会东古湖也向南部的金沙江方向退缩并形成几个分散的小湖盆。它们都沉积形成了本区域较大湖盆的最后红层。特别的是川西高原和西昌以西的横断山区，在古近纪时沉积形成了以磨拉石建造为特色的红层，厚度多在900米以上，是高原、山地区塑造丹霞地貌的宝贵物质基础。古近纪后由于喜马拉雅山与西藏高原的升起，季风湿润气候在本区域形成，红层的沉积也完全终止。

1.3 构成丹霞地貌的红层地层情况

四川盆地及其周边诸小盆地形成丹霞地貌的红层地层，按照地质年代划分，可分为下三叠统红层、侏罗系红层、白垩系红层和古近系红层四部分地层。

1.3.1 下三叠统红层

下三叠统红层分布于早三叠世康滇古陆两侧。其西部盐源的小高山为一套紫红色岩屑长石砂岩、砂砾岩、粉砂岩构成的地层，厚度达到近千米。地层定为青天堡组（T_1q）古陆的东部，下三叠统红层称为飞仙关组（T_1f），分布于雅安到雷波的四川盆地西缘一带，其东部的背斜山轴部也有出露，如五指山。地层主要由紫红色长石岩、屑砂岩、细砂岩、粉砂岩和砂质泥岩构成，有的夹砾岩，多斜层理。雷波中山坪的地层厚276米，乐山沙湾铜街子的地层厚 265 米，峨眉山的地层厚 200 米。飞仙关组之上的嘉陵江组（T_1f）的碳酸盐岩夹有红层，飞仙关组之下的宣威组（P_2x）也含有红层，但它们都不能形成丹霞地貌。

1.3.2 侏罗系红层

侏罗系红层在四川盆地和西昌、会理一带分布广泛，总厚度为 1 000~4 000 米不等。四川盆地的地层主要构成如下：下侏罗统有白田坝组（J_1bt）或自流井组（J_1zl），中侏罗统有沙溪庙组（J_2s），上侏罗统有遂宁组（J_3sn）、莲花口组（J_3l）或蓬莱镇组（J_3p）。

1.3.2.1 下侏罗统

早侏罗世纪，四川盆地西北部的龙门山前地带，气候湿热，因龙门山、大巴山强烈上升，山前堆积下数十米厚的冲积扇砾岩，后来山体上升程度趋于缓和，扇体上沉积形成了黑色泥页岩，再转为浅湖相沉积形成灰绿至紫红的砂泥岩并夹带少量灰岩。此时，四川古湖以南充—达县一带为深湖区，向外逐渐变为浅湖区。深湖相区主要为黑色泥页岩相；浅湖相区主要为紫红间黄绿色砂泥岩夹泥灰岩相。滨湖相则以出现石英砂岩和砂砾岩为特色。西昌古湖区域为浅湖相和滨湖相，沉积形成了红色泥岩、粉砂岩夹块状灰白色长石石英砂岩和石英砂岩。喜德红妈的下侏罗统益门组（J_1y）红层厚 392 米。峨眉山的下侏罗统自流井组是紫红、暗红、灰绿色的泥岩或砂质泥岩，并夹带了黄绿、灰绿、黄灰色的石英砂岩，最厚的砂岩的厚度约 360 米。广元一带的白田坝组，沼泽环境沉积的非红色泥岩、页岩夹灰白色石英砂岩与煤层，厚度达数十至 400 余米。四川盆地东部的邻水一带，早侏罗世湖水深浅变化反复，其自流井组一二三段由深水变浅水，岩石也由灰绿、深灰泥岩夹石英砂岩及菱铁矿，变为紫红色泥岩夹灰色石英砂岩、泥灰岩；其自流井组四五段又变为深水区形成的黑色页岩夹灰色、灰绿色的长石砂岩、石英砂岩、泥灰岩，偶有紫红色泥岩，其岩石总厚度约 600 米。

1.3.2.2 中侏罗统

中侏罗世纪早期，龙门山一度强烈上升，山前堆积形成冲积扇砾岩，之后上升程度趋于平稳，四川盆地总体以河流相为主，沉积形成多韵律的数百至 2 000 米左右的红层。峨眉山沙溪庙组的红层厚 567 米，由紫红色泥岩、砂泥岩夹浅灰色长石石英砂岩组成。广元千佛岩的沙溪庙组的红层厚 1 700 余米，主要由紫红色泥岩、砂质泥岩夹厚层灰白、黄绿、黄灰色厚层长石石英砂岩组成，而厚层砂岩是构成千佛岩摩崖石刻的条件。忠县沙溪庙组主要由棕红、紫红色泥岩、粉砂岩夹黄色、浅灰色紫灰色长石砂岩不等厚互层组成，厚 1 952 米。著名的石宝寨就建立在紫红色砂岩崖壁上。西昌—会理地区的中侏罗系以湖相、滨湖相沉积为主，兼有河流相。喜德红妈的滨湖相中侏罗统新村组（J_2x）红层厚 583 米，主要由紫红、黄绿粉砂岩，砂质泥岩，灰白色石英砂岩组成。

1.3.2.3 上侏罗统

晚侏罗世纪，气候趋于干热，沉积物以紫红、棕红色色调为主。晚侏罗世纪的早期，四川盆地沉积的遂宁组（J_3sn）红层在峨眉山区域厚 300 余米，由棕红色泥岩、砂质泥岩、粉砂岩组成。广元红层厚 400 米左右，由棕红、紫灰、浅灰色泥岩、粉砂岩和砂质泥岩组成。四川盆地东部的遂宁组出现在向斜轴部，忠县一带的红层厚约 360 米，由棕红色、紫灰色、灰紫色的泥岩、粉砂岩等组成。晚侏罗世纪后期龙门山强烈抬升，山前堆积下连片的冲积扇沉积，其磨拉石建造的红色砾岩最厚可达 500 米，是构成这一带雄伟的丹崖赤壁的物质基础。上侏罗统蓬莱镇组红层在峨眉山区域厚 230 米，由紫灰、暗紫色泥岩和细砂岩组成。剑门关的上侏罗统莲花口组（J_3l）红层厚 1 700 多米，由石英砾石为主的砾岩和棕红、砖红色泥岩及泥质砂岩组成。忠县吊钟坝蓬莱镇组红层厚 867 米，也是位于向斜轴部，是一套由棕红色泥岩与灰白色石英、长石砂岩互层组成的地层。西昌盆地晚侏罗世纪为浅湖及河流相沉积。喜德红妈的官沟组（J_3g）红层由紫灰、灰紫色泥岩、粉砂岩和长石石英砂岩等组成。

侏罗系红层在湖盆深水区处于还原环境，自然沉积下主要是非红色的泥岩与砂岩，但一些区域出现了红色泥页岩夹非红色的砂岩的情况，且砂岩常为黄、绿、灰等色。这情况在下、中侏罗统比较多见，其成因是前期氧化环境形成的红色砂岩属于透水层，在缺氧的地下水作用下氧化铁被还原为氧化亚铁，改色为非红色，而隔水层的泥页岩则维持原来的红色。此情况与美国西部大峡谷公园红层的纳瓦霍（Navajo）砂岩类似，我们将其称为"地质漂白"作用。此种砂岩出露地表后，表皮常氧化成褐红色，外貌与红色砂岩无异。我国陈国达在 1941 年就对红层中的白色斑点做过研究，经化验分析，红层白化现象被认为是地下水沿小裂隙还原三价铁形成的，这一判断与上述"地质漂白"作用一致。

1.3.3 白垩系红层

白垩系红层是本区域造就丹霞地貌的主要地层，主要集中分布在白垩纪川西古湖盆、川南古湖盆、西昌古湖盆和会理—会东古湖盆四个区域。今以西昌湖盆的喜德、会理—会东湖盆以会东小坝为主，以川西湖盆的剑门关、夹江—乐山、川南湖盆的习水为代表进行地层剖面比较介绍如下：

由于本区域白垩纪时总体处于热带沙漠气候，河湖沉积中富含钙质，萎缩的盐湖时有硫酸盐矿物沉积，一些层位或夹石膏，或有芒硝的分散沉积，而且时有风成的沙漠相沉积。

喜德的白垩系下统为飞天山组（K_1f），厚约 680 米，以灰紫色、紫红色长石石英砂岩为主，兼有砂质泥岩、粉砂岩、泥岩、砾石，成韵律分布。会理的飞天山组厚约 411 米，情况与喜德类似，只是含钙砂质泥岩更多一些。喜德的上白垩统，为小坝组（K_2x）红层，其厚度约达 1 930 米。该红层由紫红、砖红色钙质粉砂岩、砂质泥岩、泥岩及长石石英砂岩组成，中部夹泥灰岩，下部有块状长石石英砂岩，底部有砾岩。会理的小坝组较薄，厚约 338 米，以紫红、砖红色钙质泥岩、细砂岩为主要组成部分，偶含石膏、铜矿物。

四川盆地西沿的夹江—乐山一带的白垩系地层由夹关组（$K_{1-2}j$）红层和灌口组（K_2g）红层组成。夹关组厚 847 米，由砖红色厚层、巨厚层块状长石石英砂岩夹薄层页岩为主组成，砂岩层厚 3~5 米，局部含盐湖沉积的含硫酸盐的细砂岩。灌口组厚 290 米，由砖红色泥质粉砂岩、粉砂岩、砂岩等组成，局部含石膏层。

四川盆地北沿的剑阁剑门关的白垩系剑门关组红层，由紫红色块状砾岩、厚层长石石英砂岩、夹砂质泥岩等组成，厚 1 031 米。

四川盆地南部的习水飞鸽的白垩系，由残留的 881 米的嘉定群（Kjd）红层构成。地层以砖红、紫红色长石石英砂岩（石英含量为长石的 4~8 倍）为主，夹粉砂岩、泥岩、砾岩组成。

四川盆地东南的几个山间红层小盆地的白垩系是正阳组（K_1z）红层，由厚层砖红、灰紫色砾岩、砂砾岩、粉砂岩等组成，黔江的正阳厚约 100 米。

1.3.4 古近系红层

除四川、西昌、会理—会东盆地随湖盆萎缩，有比白垩纪缩小得多的河湖相红层沉积外，古近系红层为在川西高原、横断山区的大量小盆地，且在喜马拉雅山处于较低海拔，气候干热，沉积下以磨拉石建造为特色的红层。

喜德的古近系（E）是雷打树组（E_1）红层，厚 1 028 米，由紫红、砖红色长石石英砂岩、钙质粉砂岩、砂质泥岩、泥岩组成。下部有厚层长石石英砂岩，底部有砾岩。会理的雷打树组红层，厚约 1 450 米，以紫红、砖红色长石石英砂岩和钙质粉砂岩、泥岩为主组成，成韵律分布。间夹细砾岩，上部夹有泥灰岩。

盐源盆地的古近系是丽江组（E_2n）红层，厚 966 米，以紫红色巨砾岩为主，夹砂岩、钙质粉砂岩构成，是山间盆地十分典型的磨拉石建造。与云南丽江砾岩类似，但不见龟裂凸包状的层面构造。

理塘南境水洛河上游有一北西延伸的箕状古近纪红层盆地，地层属于古近系热鲁组（E_2r）红层。它在理塘麦洼乡热鲁的剖面，由紫灰、紫红色砂砾岩、砾岩、泥灰岩为主夹泥岩、白云质灰岩、石膏、凝灰岩组成，厚约 1 400 米。这一地层组分布于北起石渠，南到木里的山间、断陷盆地，是一套红色碎屑建造，这是构成高海拔丹霞地貌的物质基础。川西高原的东部松潘一带的古近系是红土坡组（E_2h）红层，情况与热鲁组类似，也是红色磨拉石建造，红土厚 135 米。

四川盆地西部的古近系是名山组（Em）红层，名山城东的名山组剖面，厚 500 米。下段为棕红、暗棕色厚层泥质粉砂岩夹细砂岩，上段为紫红色泥岩与钙芒硝、硬石膏互层。

四川盆地南部的古近系是柳家组（E_1）红层，宜宾柳家葫林包厚 88 米，由浅红色厚块状砂岩为主组成，大斜层理、交错层理发育。

1.4 新构造运动对红层的影响

新近纪以来的新构造运动对本区域的红层影响很大。由于印度板块对亚欧板块强烈俯冲、挤压，本区域的地壳总体是持续上升，局部断块则有所下降。这种上升具有一定的间断性，从而形成了河流的多级阶地，而且不同区域上升幅度与速度也大不相同。新构造运动在上新世趋于强烈，黄汲清、李吉均等研究显示，上新世晚期，青藏高原面高度在海拔 1 000~2 599 米，而今川西高原顶部夷平面为 4 000~5 000 米，故川西高原自上新世晚期以来地壳抬升 3 000 米以上，可见这一时期新构造运动之强烈。

笔者曾对四川盆地内的盆西乐山城郊尖子山拔河 82.60 米的岷江三级阶地底部取样，经热释光测年的结果得到，其绝对年龄为 69.10±4.84 万年，由此得出约 69 万年来，乐山凌云山一带的地壳上升了约 82 米，这里的地壳上升速度为每万年 1.195 米。盆地南沿，黄进也曾对土城附近赤水河拔河 26.8 米的阶地取样，热释光测年得到 28.6±4.5 万年的绝对年龄，即约 28.6 万年以来，这里的地壳上升了 26.8 米，其上升速度为每万年约 0.937 米。由这两个数据大致可以得出四川盆地百万年来每万年地壳上升 1 米左右。凌云山最高点拔河高度 88.5 米，由此可以计算出凌云山地貌年龄约为 74 万年，也就是意味四川盆地在这里的准平原的红层被川江侵蚀切割解体始于约 70 万年前。赤水元厚笤箐湾梁子拔河 1 244.4 米，按前文测得的上升速度计算，这里红层夷平面的解体始于约 1 279 万年前，说明盆地边缘的红层比盆底的解体分割来得更早。

横断山区和川西高原新构造运动促使地壳上升尤为强烈。由于取样内断块升降活动的差异，很难以一处的实测数据概括全区域。今以横断山脉东侧的大渡河金口大峡谷数据分析，这里的大渡河有 7 级阶地，ERS 测年得知各级阶地每万年上升 3~13 米，平均速度约为每万年 7.69 米。其相邻的大瓦山夷平面拔河 2 600 米，由此可知横断山脉东部古夷平面解体约始于 338 万年前，这与一般公认的横断山区统一夷平面的解体始于 330 万年前的认识一致。当然，这也是川西众多红层盆地夷平面解体，走向丘陵和山岳的时间。不过西昌、会理—会东湖盆的红层，由于断块相对下降，可推测其时间要晚一些。

　　由于区域内地壳主要受到东西方向的挤压力，地壳断裂强化了原有的断裂，也新生了一批断裂，它们以北东与北西、北北东与北西西为主，构成了大大小小的菱形断块。古近系红层推覆到新的新近系乃至第四系地层之上。如松潘红土的逆掩断层将红色砂砾岩的古近系红土坡组（E_2h）推覆到比它新的新近系玛拉墩组（N_2m）灰白色、浅黄色砾岩、泥岩、粉砂岩等之上（见图1-2）。

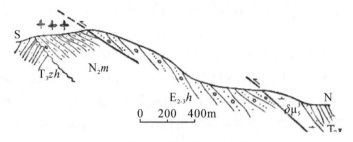

图1-2　松潘红土坡组推覆于马拉墩组之上

（资料来源：《四川省区域地质志》）

　　新构造运动的间歇性抬升地壳，形成了河流的多级阶地，同时也在红层喀斯特区域形成多级溶洞。安县红层溶洞有三层，Ⅰ级溶洞紧邻河水面，最高的Ⅲ级拔河60米，三级溶洞高程与地面三级阶地对应。邛崃天台山红层喀斯特的Ⅰ级溶洞海拔1 270米，也分三层。间歇性地壳抬升在相对稳定期形成的红层夷平面，有的含碳酸盐丰富的红层会形成红层喀斯特石芽。四川盆地盆底原始湖盆底部有大量河曲，经新构造运动抬升地壳，形成了十分壮观的深嵌入红层的深嵌河曲地貌。

　　新构造运动对地壳的抬升，会普遍加大河床比降，四川盆地底部，地壳抬升速度约为每万年1米，河床比降约为1‰。但上升剧烈的区域河床比降就大大增加，横断山区雅砻江锦屏至河口距离35万米，河面海拔从1 440米下降到974米，河床比降为13‰。河床比降加大有利于河流对红层的切割。大数值的河床比降结合红层岩性的差异，形成红层上多级跌水。古蔺黄荆的蟒童河在八节洞流程为1 400米，落差为120米，河床比降达到85.7‰，形成8级跌水。

　　新构造运动影响的断裂，使红层常形成断崖，如峨眉山二蜂岩的飞仙关组红层断崖，相对高度约100米。活动断层诱发的地震也常形成红层的形变。历史上的地震破坏了夹江牛仙山唐代精美的红层摩崖石刻。2008 年汶川大地震造成四川省江油县的窦圌山大面积山体滑坡（见图 1-3），对红层石墙、石堡等造成了近乎毁灭性的破坏。

图 1-3　2008 年汶川大地震后窦圌山红层破坏状态

（资料来源：新华网）

2 气候对红层的影响

2.1 古代气候对红层形成的影响

通过对地质时代古生物、古沉积岩、古地磁以及对古地层中硅质岩所含氧同位素的测定，人们大致可以了解地质时代古代气候的状况。

地球板块的移动，在早古生代除非洲、南极洲、阿拉伯、印度、南美聚集成的冈瓦纳大陆外，其他板块处于分散状态，到晚古生代趋于集中，形成统一的泛大陆，以后中生代又走向分散。古生代时期由于地球陆地主要集中南半球高纬度地区的大陆效应，全球气温总体偏低，冈瓦纳大陆的各板块至今遗留下大量的古冰川沉积就是证明。早寒武世与晚二叠世由于造山运动与火山活动，气温极低。但是华南陆块在古生代世长期漂移在南纬25°到北纬10°之间的泛大洋西岸。据许效松等根据古地磁研究，本区域的乐山在寒武纪实测古地磁为南纬20.6°，推断寒武纪早期，古华南陆块位于南纬0°~20°，气候为热带潮湿气候，到寒武纪中晚期，纬度移动到南纬15°~25°，气候转为亚热带干旱气候，于是在峨眉山一带沉积下紫红色的上下两层泥岩与泥质粉砂岩，各厚10米左右，中夹灰、绿灰、黄灰色白云岩、砂岩等的陡坡寺组。以后，古生代各地质时期，古华南陆块度处于热带潮湿气候条件，不再有红层沉积。

在中生代早期的早三叠世，许效松等实测天全的古地磁数据，得知它当时位于北纬11.2°。推断古华南陆块位于北纬10°~20°，本区域当时位于陆块南部（现在是西部），西有古特提斯洋冷洋流流经，气候属于亚热带干旱气候，于是沉积下紫红色的康滇古陆两侧的200米以上，到近千米的飞仙关组或青天堡组红层。

中生代的侏罗纪大陆被海水覆盖的面积是不断扩大的，有学者（Hallam，1975）研究认为被海水覆盖的陆地约占大陆的 5%，到最高时达到近 25%。这说明侏罗纪的气温是持续升高的。此时，华南陆块处于初步拼合成的亚欧板块的内部，纬度跨北纬 30° 南北，本区域的海水逐步退却，初期形成面积广大的舌形川黔滇古湖，不断萎缩，在侏罗纪末期，形成四川古湖和西昌古湖。湖盆内沉积下河湖相的 1 000~4 000 米以上的侏罗系红层。

白垩纪时全球火山剧烈活动，二氧化碳含量达到历史最高，强烈的温室效应使全球处于高温环境下，温带在北半球可达北纬 60°，南半球达到南纬 70°。华南陆块此时停留在北纬 30° 附近，本区域又处内陆，自然更为干热，以热带沙漠气候为主。干旱区的阵性洪流、风沙沉积，造就了区域内大量的厚层块状大斜层理、交错层理丰富的红色碎屑岩，以及盐湖性沉积。

古近纪时期，中生代时冈瓦纳大陆漂移南极的状态，到始新世依然维持。此时极地无陆、全球各大洋盆均已张开并继续扩张，海水温度上升，据研究深海温度升高 5℃，海面温度升高 4℃~8℃，全球变暖，冰川消融殆尽。直到上新世末，本区域西部的青藏高原海拔仍在 2 000 米以下，东亚季风远未形成。副热带干热气候条件下，大小盆地沉积下古近系红层。它们在川西高原、横断山区因干旱气候的阵性洪流形成的磨拉石建造十分突出。在四川盆地则以干热盐湖性沉积显著。

新近纪开始，由于青藏高原地势抬升、东亚季风形成、气候趋于湿润，古代气候制造的红层在本区域结束。

2.2 现代气候对红层的改造

新近纪以来，本区域进入季风气候。但因地形差异很大，东部四川盆地为亚热带湿润季风气候区，川西高原为高原季风气候区，横断山区为山地季风气候区。它们的气候对原始红层都有不同程度的改造。

四川盆地处于中亚热带季风区，盆周山地是北亚热带季风区。年平均气温从川江河谷>18℃，到盆周山地的 14℃ 左右。年较差、日较差小，一般年较差在 19℃~29℃，大陆温度<50℃（成都为 47.9℃），使得四川盆地成为远离海洋的"海洋性气候岛"，但依然四季分明，在少雨季节，暖热的环境促使红层所夹的非红色砂岩表层氧化成褐红色。年平均降水量，盆地中部在 1 000 毫米以下，向盆周山地逐步增加，盆西的"华西雨屏"达到 1 200~1 400 毫米。年平均暴雨日数从盆中的小于 3 日，到盆西的雅安一带的大于 5 日。丰沛的降水形成的地表径流深度，盆中最低达到 200~300 毫米，盆西则大于 1 000 毫米，雅安一带更是大于 1 800 毫米。以上因素造成盆地内丘陵区红层水蚀模数为每年每平方千米 500~9 000 吨不等，最厉害的地方一年可蚀去地表 8 毫米。盆西植被茂密的花溪河流域流经大面积的红层，水蚀模数依然达到每年每平方千米 580 吨左右。丰沛降水产生的径流对富含碳酸盐、硫酸盐的红层起到有利的溶蚀、剥蚀、侵蚀作用，造成盆周红层产生大量的峰林、峰丛、溶穴、溶洞、地下河，乃至石芽。气候导致水文起到的溶蚀和输送能力是巨大的，"华西雨屏"的离子径流模数每年每平方千米大于 200 吨。其余盆地区域多在 100~200 吨。

横断山区的山地季风气候，夏季受东南季风和西南季风共同影响，冬季受西风南支气流影响。主要特点是气候的垂直变化大。年平均气温一般比盆地区低，同在北纬 30° 附近，海拔 2 615.7 米的康定比盆东的合川低 10.9℃，比海拔 3 948.9 米的理塘低 15.2℃，仅有 3℃ 左右。但南部金沙江河谷北纬 26°30′，海拔 1 108 米的攀枝花达气温到 20.3℃，是本区域气温最高的地方。向北随纬度、海拔的增高，到北纬 27°53′，海拔 1 510 米的西昌降至 17.2℃，到近北纬 30° 海拔 1 321 米的泸定，再降到 16.5℃。横断山区年平均降水量从南部的金沙江河谷攀枝花的 769.2 毫米，向北有所增加，至西昌达到 1 013.1 毫米。但主要还是随海拔高度的增加而增加，但大于最大降水量带后，又趋于减少，轨迹为一抛物线。这个最大降水量带盆地西部山地是海拔 2 100~2 300 米，往西到大雪山升到亚高山的 3 000 米，沙鲁里山更升至 3 500 米。蒸发量则随海拔高度的增加减少，河谷底部是干旱区，攀枝花年平均蒸发量为 2 360.5 毫米。攀枝花金沙江河谷、德荣的金沙江河谷，西昌的安宁河谷都是干热河谷区；巴塘、雅江的河谷地带则是干温河谷区。干热河谷气候对红层所夹的非红色碎屑岩表层氧化成褐红色的作用十分突出。横断山区的地表径流与降水量的分布一致，年平均径流深度在南部金沙江河谷最低为 200 毫米以下，而贡嘎山区域达到 1 200 毫米以上。多雨的夏季不少地区其径流达到全年的 50% 或超过 50%，使得本区的水蚀模数在贡嘎山区域达到每年每平方千米 2 500~5 000 吨。安宁河流域大部分为红层，其水蚀模数为每年每平方千米 639 吨，但其支流西河、黑沙河流域则高到大于每年每平方千米 2 000 吨。较高的水蚀模数与山地河流比降大，促成了红层的分割成为崎岖的山地，河床上侵蚀成突出的壶穴。在极高山区，海拔 5 000 米左右为永久雪线，3 800 米为冻土线。在此以上红层的寒冻风化严重，沙鲁里山各古近纪小盆地的红层受到寒冻风化、冰雪剥蚀、侵蚀是后期改造的主要力量。

川西高原的高原季风气候，年平均气温从东部的 8℃ 左右，向西逐步下降，到石渠一带降至 0℃ 以下。年平均降水量也从 800 毫米降至 600 毫米以下。降雪日数为 40~80 日，石渠一带达 86 日。石渠、色达一带长冬无夏，存在永久冻土，寒冻风化是改造石渠、若尔盖一带红层的主要力量。

全球变暖的气候变化，给本区气候带来气温升高，降水增多，冰川、冻土融化等变化，全球二氧化碳浓度上升带来的酸雨量增加，无疑也会加剧对红层的改造。

3 红层的喀斯特化现象

3.1 红层喀斯特化的普遍性

红层一般都含有或多或少的可溶性盐类矿物，它们既是碎屑，也是胶结物，其中最大的是碳酸盐类，它主要来自沉积物的物源地，盆地周边古山地的碳酸盐类岩石是其主要的来源。这些碳酸盐类岩石是形成大大小小红层喀斯特地貌的主要物质基础。硫酸盐类矿物主要是由白垩纪、古近纪盆地内干热沙漠中盐湖蒸发沉积而来的。它是形成红层一些小型喀斯特洞穴的主要材料。四川盆地侏罗系红层深部的裂隙、空隙富含氯化物的卤水，它对地表的红层喀斯特化没有什么影响。

红层喀斯特化，表现为以下各种地貌：

3.1.1 峰林与峰丛

峰林与峰丛在红层构成的丹霞地貌区域十分普遍。尤其在红层含碳酸盐类丰富的区域，特别是红色砾岩，其砾石成分是大量的石灰岩、白云岩的尤为突出。龙门山前人们常说"青城三十六峰""罗浮十二峰""剑门七十二峰"，都是在形容青城山、罗浮山、剑门关的山峰很多，它们都是红层砾岩、砂砾岩喀斯特化构成的峰麓相连的峰丛（见图3-1）。邛崃南宝仰天窝一带红层峰丛密度达到每平方千米的有10座。基座相离的峰林相对少一些，见于红层被大量侵蚀的地方，如乐山郊区因岷江水系的强烈侵蚀，形成了凌云山、乌尤山、马鞍山组成的峰林，古人称它们为"青衣三岛"；窦圌山的东岳、飞仙、神斧三峰，也是一处峰林。

图 3-1　青城山金鞭岩红层峰丛地貌

3.1.2　溶洞和地下河

红层喀斯特溶洞主要沿含有大量灰岩砾石的砾岩层发育（见图 3-2），特别是底部有隔水层的砾岩，在潜水溶蚀下形成溶洞，常长达 1 000 米以上，并随潜水面的下降形成数层洞穴。溶洞充满流动的地下水，就成为地下河。酉阳西南，海拔 800 米处白垩系灰质砾岩中就有一溶洞，并有暗河。有时红层的裂隙经流水溶蚀、侵蚀，也可形成地下河，如古蔺黄荆八节洞的旋涡瀑，地表水沿红层节理溶蚀、侵蚀，消失于地下，形成地下河（见图 3-3）。

图 3-2　安县龙泉砾宫洞壁上的红色钙质砾岩

图 3-3　古蔺黄荆八节洞漩涡瀑河水进入地下河

3.1.3　红层溶洞各种地下景观

红层溶洞规模远不及碳酸盐类地层形成的溶洞，但一般喀斯特地下景观还是具备的，如石钟乳、石笋、石柱、石幔、锅穴等，但石田之类则不具有，而且有红层特有的溶洞景观，如见于彭山香山仙洞洞顶的瘤状岩（见图3-4）。红层的人工洞穴也多有石钟乳的出现，如在岷江流域中有2 000年左右历史的汉墓中。

图 3-4　彭山香山仙洞洞顶的瘤状岩

3.1.4 漏斗、洼地与盲谷

在红层喀斯特化突出的地方，一般都有漏斗、洼地，有时也有盲谷。芦山灵官峡在海拔1 400米的红层剥夷面上，峰丛、洼地密布，最密处每平方千米洼地数量达到8个之多。

3.1.5 溶沟与石芽

红层所含碳酸盐砾石周围常因溶蚀形成环状溶沟，砾石表面也多有溶痕。含碳酸盐丰富的红层砾岩的表面更是溶痕、溶沟密布，而且发育石芽（见图3-5），较高的石芽形成独特的红层石林。如邛崃天台山的梅花石林，安县的文江石林。

图3-5　安县龙泉砾宫洞穴外的石芽

3.1.6 壶穴与蜂窝状洞穴

一般岩石在急流冲蚀下可以形成壶穴，但含易溶硫酸盐矿物丰富的红层碎屑岩的河床上的壶穴特别多（见图3-6）。这种壶穴密布的状况，在川南古湖区域的红层比比皆是。有时宏伟的壶穴群构成独特的风光，如会东奇石谷。红层含碳酸盐矿物多溶蚀孔穴，但有时孔穴如蜂窝密集，则主要由于红层含硫酸盐类丰富经化学风化和物理风化而形成。赤水元厚龙凤岩的蜂窝状洞穴，洞穴口宽3～30厘米，深度与口径基本相等，常有洞穴内部相连，洞穴内堆积沙状风化物（见图3-7）。乐山凌云山的乐山大佛山门处于乌尤寺尔雅台的蜂窝状洞穴，其规模较小，洞穴口径仅 2~5 厘米不等。地貌较为特殊，碳酸盐类岩有时也有密集的小孔蜂窝状洞穴，但远不及红层蜂窝状洞穴的宏大。

图 3-6　古蔺红圈子下的壶穴群

图 3-7　赤水元厚龙凤岩的蜂窝状洞穴

3.2　红层喀斯特化的差异性

红层距沉积物物源地距离远近的差异、沉积时古代气候环境的差异等，使得红层所含可溶性盐类矿物量的差异悬殊，进而导致不同地区红层的喀斯特化差异较大。

经笔者对多年来野外考察采集的部分岩石样品进行分析，分析结果显示红层含碳酸盐量多少的差异很大（见表 3-1）。

表 3-1　一些地方红色碎屑岩样本含碳酸盐量比较

序号	地点	地层	岩性	碳酸盐含量/%	主要地貌
1	赤水狮子岩	K_2	红色砂岩	14~21	峰丛
2	古蔺八节洞	K_2	红色砂岩	16.8	峰丛、洞穴
3	仁寿牛角寨	J_3p	紫红色砂岩	0.1	丹崖、巨石
4	彭山香山仙洞上段	$K_{1-2}j$	紫红色砂岩、砾岩	砂岩31.3 砾岩39	洞穴、漏斗、峰丛
5	金堂天星洞	K_1	紫红色砾岩	约35	峰丛、洞穴
6	邛崃天台山花石林	K_2	灰红色砾岩	83.3	石芽、峰丛
7	青城山	K	红色砾岩	42	峰丛、洞穴
8	剑门关	J_3l、K_1j	紫红、红色砾岩	11	峰丛、石柱
9	安县罗浮山	J_3l	紫红、棕红色砾岩	95	峰丛、石芽、洞穴
10	邛崃仰天窝	$K_{1-2}j$	灰红色砾岩	82.1	峰丛、漏斗、洼地、盲谷
11	芦山冒石子峡	J_3p	灰红色砾岩	93.6	峰丛、峡谷、洞穴
12	芦山灵官峡	E	灰红色砾岩	89	峰丛、洼地、峡谷
13	乐山凌云山	$K_{1-2}j$	砖红色长石石英砂岩	6.9	方山、陡崖

沉积物源地的空间分布决定了红层碳酸盐含量的差异。红层含碳酸盐量的差异，首先与沉积物源地的岩性密切相关，位于四川盆地西北边缘的龙门山古生界碳酸盐类岩分布广泛，尤其是其北段与南段。古龙门山地为四川盆地边缘的山前地带冲积扇扇顶部分的磨拉石建造，提供了大量的碳酸盐类岩砾石和方解石矿物成分。龙门山南段山前的芦山大川冒石子峡的上侏罗统（J_3p）灰红色砾岩含的砾石（粒径1~20厘米）中灰黑色石灰岩占50%左右，其余为砂岩、石英岩、花岗岩，红色钙、铁胶结。总体碳酸盐含量达到93.6%。同样同一地层在北段龙门山前的安县罗浮山，其紫红、棕红色砾岩含碳酸盐也达到95%。它们都位于古冲积扇扇顶部位。其次，红层碳酸盐含量与距离沉积物源地远近也有很大关系，四川盆地内居于晚三叠世冲积扇边缘的仁寿牛角寨的紫红色砂岩，由于距离龙门山前的冲积扇顶已达10~14万米，经流水分选，沉积的碳酸盐仅为0.1%。上白垩统扇顶部位的邛崃天台山碳酸盐含量达83.3%，临近扇顶的青城山也有42%，而距离天台山约8万米的乐山凌云山仅6.9%。

红层含硫酸盐矿物量的差异，主要和红层在古湖盆发育阶段与盆内的位置差异而成的蜂窝状洞穴微地貌的发育有关（如图3-8和图3-9所示）。引起白垩纪红层盆地水体在干热条件下最终向盐湖演变，硫酸盐沉积量一般以湖泊晚期亦即湖盆中心部位较多，而湖盆边缘与湖泊早期形成的红层含硫酸盐相对较少。侏罗纪时存在的四川古湖，进入白垩纪趋于萎缩，分解为四川盆地北部的蜀湖和南部的巴湖，由于燕山运动末期，四川地块东升西降，两湖也就从东向西退缩，蜀湖在退缩到彭山、雅安、乐山一带形成的上白垩统夹关组（K_2j）红层富集硫酸盐的芒硝（$Na_2SO_4 \cdot 10H_2O$）和石膏（$CaSO_4 \cdot 2H_2O$），其中芒硝还形成有经济价值的矿床。巴湖也退缩到赤水、古蔺、沐川一带，沉积下晚白垩世末期的高坎组（K_2gk），其硫酸盐含量也较为丰富。

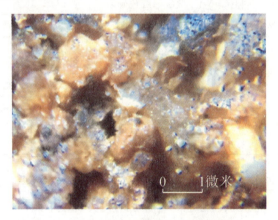

图3-8　乐山凌云山蜂窝岩岩石显微照片

（注：岩石为长石石英砂岩，注意芒硝溶蚀形成的空洞）

图3-9　乐山凌云山的蜂窝岩地貌

红层可溶盐含量的差异是形成丹霞地貌喀斯特化程度差异的主要因素。笔者将丹霞地貌喀斯特化分为四个层次。

（1）**可溶盐矿物<10%**时，喀斯特化从无到微弱。红色碎屑岩含可溶性盐<10%，丹霞地貌的喀斯特化轻微，如仁寿牛角寨（0.1%）的丹霞地貌基本无喀斯特化现象。微喀斯特化主要表现为有蜂窝岩、碳酸盐砾石周围溶环等微地貌的发育。一些富含硫酸盐层位的丹霞地貌因硫酸盐类的芒硝、石膏的溶蚀、风化有喀斯特化微地貌发育，单体大小宽度2~20厘米不等。如古蔺黄荆、乐山凌云山等地。

（2）可溶盐矿物为10%~30%时，呈轻度喀斯特化。这一层次丹霞地貌喀斯特化的特征是以普遍存在溶蚀、侵蚀形成的壶穴，风化、溶蚀形成的浅洞穴（见图3-10），以及溶蚀、侵蚀形成的岩面浅沟（见图3-11）等小地貌为特色。小地貌单体宽度0.2~3米。在易溶的硫酸盐矿物中主要为丰富的红层，如古巴湖西部的赤水、古蔺一带，壶穴发育较为突出。轻度喀斯特化的丹霞地貌区域，时有小型地下河发育在小型断裂、节理之中，但规模不大，四川古蔺黄荆八节洞的漩涡瀑有一个直径2米的地下河入水口。

图3-10　夹江千佛岩青衣江江中溶蚀、侵蚀成浅洞穴的龙脑石

（注：此洞穴被江水淹没时，水石搏击，向上喷水成为一奇观）

图 3-11　青城山砂砾岩上溶蚀、侵蚀成的浅沟

（3）可溶盐矿物为 30%~80% 时，中度喀斯特化。这一层次红层喀斯特化比较充分，喀斯特漏斗、洼地、地下河、溶洞等较多存在。其溶洞发育在钙质底砾岩层中，规模可达数百米以上，但地表丹崖赤壁景观鲜明，洞穴中石钟乳、石笋发育差，石柱、石幔等则极少，倒是顶板有红层瘤状岩、珍珠岩特殊地貌等的发育。如彭山香山仙洞发育在下白垩统天马山组钙质红色底砾岩中，底砾含碳酸盐 39%，顶板砖红色砂岩含碳酸盐 31.3%。洞穴长 800 米，顶板的砂岩沿两组节理溶蚀、侵蚀形成 1~1.5 米从顶板下垂的瘤状岩地貌，并有瘤状岩上碳酸盐类溶液从砂岩孔穴析出结晶成的白色珍珠状颗粒密集的"珍珠岩"（见图 3-12）。中度喀斯特化丹霞地貌还见于四川青城山、金堂天星洞、贵州习水东北部、重庆酉阳西南等地。

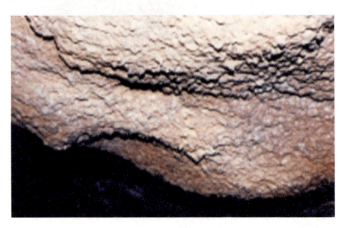

图 3-12　红层洞穴香山仙洞的珍珠岩

（4）可溶盐矿物>80%时，呈强度喀斯特化。此类喀斯特化见于厚层红层钙质砾岩分布的区域，以四川盆地西北部边缘的龙门山山前地带最为突出，这里从晚三叠世到晚白垩世都是冲积扇扇顶部位，红层砾岩巨厚。晚侏罗世蓬莱镇期的红层砾岩厚达 50~500 米，下白垩统也厚达 350~400 米，上白垩统更厚达 400~870 米。其喀斯特地貌除峰丛、漏斗、洼地、溶洞、地下河等密集发育外，还有砾岩型石芽、石林的发育，风化面主色调呈灰白色，仅局部较新鲜面有丹崖赤壁出现；洞穴中红色调为主的岩壁比较鲜明，石钟乳、石笋、石幔等发育普遍。如四川安县龙泉砾宫是由上侏罗统莲花口组（J_3l）红色砾岩（含碳酸盐达 95%）构成的溶洞，洞壁为斑斓的红色砾岩，洞内石柱、石幔发育，并有溶蚀塌陷漏斗。碳酸盐含量大于 80%的红层喀斯特化后一般具有"白皮红心"的特点，自然条件下呈灰白色崖壁，但新鲜坡面依然红色一片，与丹霞地貌定义的丹崖赤壁的特征不尽相符，可称为红层喀斯特地貌或红层钙质砾岩喀斯特地貌或类丹霞地貌（本书一并列入丹霞地貌）。由于喀斯特地貌形成过程的差异，从红层形成的纯正的丹霞地貌到纯正的喀斯特地貌是渐变的，没有一个非此即彼的明确界限。

4 区域内丹霞地貌类型

4.1 按地层年代分类

区域内红层构成的丹霞地貌多样。按地层地质年代划分，区域内有三叠系红层构成的丹霞地貌、侏罗系红层构成的丹霞地貌、白垩系红层构成的丹霞地貌和古近系红层构成的丹霞地貌。

4.1.1 三叠系红层构成的丹霞地貌

三叠系红层构成的丹霞地貌是下三叠统飞仙关组（或青天堡组）紫红色碎屑岩构成的丹霞地貌，分布在峨眉山五显岗、二陡岩，沐川五指山风岩，沙湾铜街子等地。

4.1.2 侏罗系红层构成的丹霞地貌

侏罗系红层构成的丹霞地貌主要分布在四川盆地内古四川湖的广大地区。古湖盆边缘上侏罗统红色砾岩、砂砾岩、块状砂岩构成了一批丹霞地貌，盆西北的上侏罗统莲花口组或蓬莱镇组构成了东起剑阁、安县、江油、绵阳，西至芦山、天全一带，以及仁寿等地的丹霞地貌。盆南西起屏山、宜宾，东延经纳溪、叙永，到綦江都有上侏罗统形成的丹霞地貌。此外盆东平行岭谷区的谷底和盆中蚀余的上侏罗统也有不少丹霞地貌形成，如安岳、大足、忠县石宝寨等地。中、下侏罗统红层的块状砂岩由于经过"地质漂白"的作用，形成丹霞地貌者少，但假丹霞地貌或准丹霞地貌众多。

4.1.3 白垩系红层构成的丹霞地貌

白垩系红层构成的丹霞地貌数量最多、分布最广，主要集中在白垩纪的古巴湖和古蜀湖区域，呈半环形沿四川盆地北部、西部、南部分布。地层中的厚层块状砖红色（蜀湖东部为浅红色）长石石英砂岩、砂砾岩（少数为砾岩）多斜层理、交错层理，是构成丹霞地貌的主要层位，所夹泥岩、页岩多泥裂。重庆东南和贵州东北的红层小盆地也是白垩系红层构成的丹霞地貌分布区域。川西南西昌、会理区域白垩系红层分布也广，但形成丹霞地貌少。白垩系上统的灌口组块状砂岩少，一般也不形成丹霞地貌。

4.1.4 古近系红层构成的丹霞地貌

古近系红层构成的丹霞地貌主要分布在川西高原、横断山区小型红层盆地，如盐源、新龙、松潘等地。

4.2 按构造分类

地质构造影响地层产状，而地层产状直接影响丹霞地貌的形成。由于地层产状在倾角很小时，地层构造近乎水平，此时沉积形成的红色碎屑岩很稳定，可以形成具有丹崖赤壁的各式丹霞地貌。但有一些非水平产状的红色碎屑岩也可形成丹霞地貌。本区域丹霞地貌按构造分类也是比较多样的。

水平构造丹霞地貌。这是一般丹霞地貌也是本区域丹霞地貌的主体。在基底刚硬的区域不乏水平产状的红层形成丹霞地貌，如四川盆地中的雅安碧峰峡、乐山凌云山等地。由于地层褶皱区域的背斜和向斜轴部地层产状也是水平的，因此也产生了不少丹霞地貌，如处于背斜区的洪雅槽渔滩，处于向斜区的忠县石宝寨。

单斜构造丹霞地貌。背斜或向斜构造的一翼成为单斜构造，在它的沿倾向断面的红色碎屑岩倾角一般不大于 30 度时，虽然稳定性不及水平产状，但是也可形成一些丹霞地貌，如喜德瓦尔沟与孙水河汇合处的黑老林峡谷的丹霞地貌，地层倾角21度。单斜构造丹霞地貌由于陡崖不稳定，岩下的倒石堆堆积物特别多且厚。

"猪背脊"构造丹霞地貌。单斜构造倾角大于30度时，地貌成"猪背脊"。如马边石梁大佛一带，岩层倾角35度，白垩系块状砂岩覆盖于上侏罗统泥岩之上，由于差异风化、侵蚀与崩塌，形成长6 000米，高40~120米的丹崖赤壁。

断崖形丹霞地貌，指由断层崖构成丹霞的地貌，如洪雅玉屏山沿南北向断层崖形成丹崖赤壁地貌。

推覆体构造丹霞地貌。此种类型见于松潘红土，古近系红土坡组红色碎屑岩推覆于较新的新近系马拉墩组之上，形成了丹霞地貌。

岩块丹霞地貌。崩塌或蚀余的大型岩块也可形成丹霞地貌，如赤水闷头溪、元厚一带的大型岩块，它们常球状风化成石蛋；仁寿牛角寨就有大量的岩块丹霞。

滑坡构造丹霞地貌。滑坡构造的后壁以及滑坡体上搬运的岩块有时形成丹霞地貌。滑坡体上的红色碎屑岩块形成的丹霞地貌见于彭山江口的梅花石林（见图4-1）。

图4-1　彭山江口滑坡体上的丹霞地貌

4.3 按岩性分类

由于红色碎屑岩岩性的差异，丹霞地貌可以分为以下类型：砾岩型、砂岩型、砂砾岩型、复合岩性型。

4.3.1 砾岩型丹霞地貌

含砾石量大于30%的红色碎屑岩是红色砾岩。砾石从直径接近2毫米的细砾到大于200多毫米的巨砾不等。砾岩型丹霞地貌主要分布于大巴山、龙门山、邛崃山山前地带和一些山间小红层盆地中。砾石成分多样，有石灰岩、花岗岩、石英岩、脉石英以及变质岩等，胶结物有碳酸钙、氧化铁、二氧化硅和黏土等，由于含有氧化铁，红层砾岩呈现斑斓的红色。砾岩型丹霞地貌由于抗侵蚀力强，一般显得巍峨挺拔；由于含钙丰富，地表峰丛密集，地下多溶洞、地下河，如剑门关的大剑山。

4.3.2 砂岩型丹霞地貌

本区域的红色砂岩主要为长石石英砂岩，石英砂岩和岩屑砂岩较少。块状、厚层的红色砂岩构成不少地方的丹霞地貌，它有色彩明快，多斜层理、交错层理的特点。而且长石石英砂岩硬度远低于石英砂岩，人工易于刻凿，是本区域主要的文化遗产载体。如乐山凌云山乐山大佛、安岳和大足摩崖石刻，以及数以万计的东汉崖墓，都位于砂岩型丹霞地貌的崖壁之上。

4.3.3 砂砾岩型丹霞地貌

砂岩含砾石构成砂砾岩，抗蚀强度大于砂岩，多见于小型红盆、古洪积扇边缘，以及红层地层的底部。地表亦多峰丛，有时发育漏斗，连接地下河。

4.3.4 复合岩性型丹霞地貌

一地丹霞地貌构成岩石常为非单一的岩性，由砾岩、砂岩或砂砾岩以及页岩、泥岩组成，这样的地貌可称为复合岩性型丹霞地貌。如夹江世界遗产地东风堰，其丹霞为砂砾岩型，而上部的千佛岩其岩型为砂岩，中间夹红色页岩。

4.4　按外力作用的成因分类

外力作用是丹霞地貌的"雕刻师"。本区域的地球外力作用有风化、水蚀、溶蚀、寒冻、人工等方面的作用，以及独特的"假丹霞地貌"形成过程。

4.4.1　风化作用形成的丹霞地貌

风化作用包括物理、化学、生物三方面的风化作用。对于红色碎屑岩而言，它们主要的表现是由不同层位岩石软硬的差异产生的差异风化，如凹面状风化和凸面状风化。差异风化形成了大量存在的额状岩，赤水长嵌沟的额状岩构成的洞穴长 80 米，高 4 米，深 6.5 米，曾一度作为当地乡政府的驻地。差异风化还形成了一些石蘑菇（见图 4-2），石蘑菇的颈部十分细小时成为平衡石，这种由沉积岩形成的平衡石和岩浆岩球状风化成的风动石都是平衡石。丹霞地貌区域，岩石上硬下软的石梁，由于差异风化和两侧的凹片状风化以及崩塌的最终结果形成天生桥，赤水天生桥多达 20 余座。凸片状风化（见图 4-3）则形成圆头岩墩、石柱以及石球、石蛋等地貌。

图 4-2　习水一处石蘑菇

图 4-3　赤水一处红层的凸片状风化

4.4.2　水蚀作用形成的丹霞地貌

水蚀指流水侵蚀。坡面流水侵蚀在红层坡面常形成一些细沟，有时这些细沟平行排列，形成特殊地貌"晒布岩"，宜宾岷江左岸的丹山碧水的陡坡面经坡面流水侵蚀初具晒布岩的特征。大量的水蚀是由溪、河进行的。随着地壳抬升，流水下蚀切割红色碎屑岩形成了大量的临江、临溪的丹崖赤壁，四川盆地内大量原来古准平原上的蛇曲河流也下蚀成深嵌河曲。在有的地方，人们把这种地貌叫作"穿牛鼻"，因其形似牛鼻孔要被绳子穿过的部位，如沐川竹海的穿牛鼻。河流侵蚀在河流的凹岸，由于流水侧蚀、崩塌，形成弧形很大的红色赤壁，如沐川野猫溪畔的大红岩，此地与中都河侵蚀基准面高差达 700 余米，溪流切开厚度 470 米的白垩系块状砂岩，形成的赤壁高达 400 米，十分壮丽。屏山中都河的弯曲凹岸也有一些此类赤壁。河床比降大而所经红层因差异侵蚀，形成跌水（见图 4-4）。当跌水落差大形成瀑布时，瀑布会不断侵蚀、崩塌而后退，在它的前面形成环状的岩圈，形似昔日灶房的锅圈。在沐川、马边一带，人称"锅圈岩"；在古蔺一带，人称"红圈子"或"环岩"；在习水一带，人称"圆洞"。统一名称，称为"红圈子"最为合适。因为它既体现了形态，又表明了丹霞地貌的红色。古蔺的红圈子，地层为长石石英砂岩，最大层厚 2 米，与页岩交互成层，节理发育，倾角 2 度，瀑布落差 100 米左右，半环状岩圈最大直径为 70 米（见图 4-5）。类似的红圈子，一般闭合度都在 200°~300°不等，底部多倒石堆、深潭、壶穴。由瀑布后退形成的红圈子丹霞地貌，与河流凹岸形成的弧形丹霞地貌，成因不同，形态在闭合度上差别也大。本区域最大的红圈子地貌是习水的大圆洞（或猿洞），由6个跌水坠入，直径达1 000米，深400米以上，底部原始森林密布，人迹罕至。

图4-4　习水板状河床差异侵蚀形成的跌水

图4-5　古蔺红圈子

4.4.3　溶蚀作用形成的丹霞地貌

溶蚀作用是在红层形成丹霞地貌过程中普遍存在的"美容师"，它形成的丹霞地貌也很多样。碳酸盐类丰富的红色碎屑岩，形成了大量的峰丛、峰林、洼地、漏斗、地下河、溶洞等已如前述。含硫酸盐丰富的红色碎屑岩，除在风化作用下形成蜂窝状地貌外，在河床的流水溶蚀、侵蚀作用下可形成壶穴地貌。黄荆一带的红色砂岩含有 16.7% 的可溶盐，尤其是多星状、斑状、纤维状石膏，流水在可溶盐富集点或岩层裂隙，易形成溶蚀小孔，进而扩大成壶穴。白垩纪古巴湖区域沉积的红层蒸发岩区，常见密集壶穴分布于河床（见图 4-6）。

图 4-6　蜀南竹海沟床上密集的壶穴及其洞穿而成的地下河与瀑布

4.4.4　寒冻作用形成的丹霞地貌

横断山区和川西高原海拔 3 500～5 000 米的高山区和海拔高于 5 000 米的极高山区，寒冻作用盛行，突出的冰劈作用使得红色碎屑岩崩解、崩塌，形成棱角分明、奇峰突兀的丹霞地貌，其地貌形成过程也有融冻作用与石冰川移动的影响。横断山区新龙的红山丹霞地貌，位于海拔 4 200～5 100米地带，由 10 余座山峰组成，由寒冻作用形成，是高寒丹霞地貌的代表。

4.4.5　人工丹霞地貌

人类对地球表面的改造不容小视。在红色碎屑岩区域，因人工采石、工程开挖边坡形成的人工丹霞地貌比比皆是。本区域独特的是古人在都江堰、乐山开发水利工程，开挖红层，形成了都江堰玉垒、乌尤山两座丹霞离堆山；东汉人流行崖墓埋葬，在四川盆地内的红砂岩崖壁开凿了数万人工丹霞洞穴。

4.4.6　假丹霞地貌

侏罗系红层的块状砂岩，因地质漂白作用，常显现为青、黄、灰等非红色彩，但长期初露地表后，表皮氧化成褐红色，或因红层红色泥岩风化成泥，随坡面下流覆盖于块状砂岩表面，它们都可以形成丹崖赤壁的丹霞地貌外貌。有的非红色砂岩开凿的宗教石窟，更被人工涂成红色。对此，笔者将此类貌似真丹霞地貌的地貌称为假丹霞地貌或准丹霞地貌（因假丹霞地貌依然是红层地貌的一种，本书将其一并列入丹霞地貌范畴介绍）。

4.5 按地貌形态分类

丹霞地貌形态十分复杂多样，有陡崖、方山、石堡、石柱、石蘑菇、峡谷、峰林、峰丛、石芽、洞穴、穿洞、天生桥、环状岩、壶穴、蜂窝状地貌、丹霞瀑布等，以及各种造型石。

4.5.1 丹霞陡崖

丹霞陡崖，即丹崖赤壁地貌，在江岸、沟谷、断崖以及单面山都有丹霞陡崖出现，陡崖的坡度角一般大于 55 度，是本区域分布最多的丹霞地貌。其中宜宾岷江左岸的丹山碧水的陡崖长 5 000 米，高约 120 米，宏伟壮观（见图 4-7）。

图 4-7 宜宾岷江左岸"丹山碧水"的临江丹霞陡崖

4.5.2　丹霞方山

方山地貌是由于流水在古夷平面或块状砂岩顶部侵蚀、下切，塑造而形成的。岩层产状水平的红色碎屑岩区域丹霞方山地貌广泛存在，它外貌似桌，也可视为桌山。其特点是顶面宽度远远大于高度。如沐川与屏山交界处的包家岩面积4平方千米，宽1 500米以上，四周环绕挂榜岩（相对高度60米）等绝壁（见图4-8）。

图4-8　包家岩丹霞方山远眺

4.5.3　丹霞石堡

顶面宽度较小，高宽尺度接近，远望如堡垒，故称石堡，亦称岩堡，其特点是顶部平坦，如果顶尖，就是一般的石峰或岩峰了。如犍为云峰寺、赤水丙安、青神中岩皆有丹霞石堡地貌。

4.5.4　丹霞石柱

高度远远大于宽度时，丹霞石柱地貌就会形成，由于岩层产状水平、稳定性强，经侵蚀和崩塌，得以成为孤立的石柱，也称岩柱。夹江县的丈人峰、犍为云峰寺的"翻天印"（见图4-9）、习水的"五仙山"（见图4-10），都是典型的丹霞石柱地貌。

图 4-9　犍为云峰寺的石柱"翻天印"（前景）与石堡（后景）

图 4-10　习水古剥夷面上残留的石柱"五仙山"

4.5.5　丹霞石蘑菇

石柱下方岩层相对较软，经差异风化、侵蚀、崩塌，形成石蘑菇（见图 4-11）。颈远小于顶盖的石蘑菇，成为平衡石，这是一种罕见的地貌。国内丹霞地貌区域，仅在赤水凤溪沟有一处丹霞平衡石，名叫"万年石伞"（见图 4-12）。

图4-11　习水石蘑菇

图4-12　赤水"万年石伞"

4.5.6 丹霞峡谷

丘陵区丹霞峡谷一般以宽谷出现，丹崖赤壁断续出现，如岷江小三峡由犁头、背峨、平羌三个峡构成，以犁头峡的丹崖赤壁较为突出；沱江小三峡（金堂、月亮、石灰三峡）也是宽谷，它们都因深切龙泉山而成。山地区域的丹霞峡谷突出的有剑门关、芦山大川冒石子峡、大岩峡、芦山与天全之间的灵官峡、天全老场峡、雅安飞仙峡、碧峰峡等，它们都处于龙门山与邛崃山区，以两岸壁立的嶂谷地貌为主。灵官峡长达7千米，大岩峡深达760余米（见图4-13），主要由白垩系红色砾岩、砂砾岩构成。一些丹霞崖壁，因节理发育有巷谷和一线天。如青神中岩两个石堡间的石巷（见图4-14），邛崃天台山一线天的"天缝峡"，长40米，宽仅1~1.5米，高30余米（见图4-15）。

图4-13 芦山大岩峡嶂谷

图 4-14　青神中岩两石堡间的巷谷

图 4-15　邛崃天台山的一线天——天缝峡

4.5.7 丹霞峰林与峰丛

本区域峰林主要分布于大江大河沿岸离侵蚀基准面高差小的地方，这样的地方红层经流水侧蚀的作用加大，产生一些巷谷、窄谷，乃至宽谷，而峰与峰间以峡谷分开，彼此麓不相连。如长江在宜宾以东，南岸一处有峰林分布（见图4-16）。峰丛主要分布于离侵蚀基准面高差大的地方，流水侵蚀以下蚀为主，产生峰麓相连的峰丛，此种地貌在丹霞地貌区域具有普遍性（见图4-17）。

图4-16 宜宾以东长江南岸一处丹霞峰林地貌

图4-17 赤水以南一处丹霞峰丛地貌（卫星图片）

4.5.8 丹霞石芽与洞穴

丹霞石芽由红色碳酸盐砾岩溶蚀形成，仅见于龙门山前。丹霞洞穴有三大类：第一类是溶蚀洞穴的溶洞，也发育于红色碳酸盐砾岩中，目前，全区域已发现主要丹霞溶洞8处（见表4-1），其中，邛崃天台山金龙洞总长2 000米，安县龙泉砾宫1 700米，芦山仁加坝溶洞1 500米，位列长度前三。第二类是崖壁洞穴，有额状洞、水蚀洞、节理崩塌洞以及蜂窝状洞穴等。额状洞以赤水长嵌沟额状洞最为宏伟（见图4-18），水蚀洞见于青神中岩牛角洞（见图4-19），节理洞以乐山大佛左侧洞天为大，它由卸荷节理崩塌发展而成（见图4-20），蜂窝状洞穴以赤水龙凤岩最为典型。第三类是砂泥岩洞穴，仅见于赤水长沙。赤水长沙龙洞地层为上侏罗统紫红色砂泥岩，顶板为砂岩，地层倾角2度，经侵蚀、崩塌而成。实测洞长376米，面积5 852平方米，平均洞高2.2米，平均洞宽35米（见图4-21）。此洞内不见石钟乳、石笋等岩溶洞穴堆积物，唯见大量崩积岩块，可谓洞穴中的异类。

表4-1 川、渝、黔北主要丹霞溶洞

序号	名称	标高/米	地层岩性	规模（长、宽、高）/米	备注
1	彭山香山仙洞	520~570	K_1钙质砾岩	800,1~10,0.5~10	有暗河
2	金堂天星洞	约600	K_1钙质砾岩	800,高宽不一	
3	安县龙泉砾宫	730	J_3l钙质砾岩	1 700,550,50左右	4层以上
4	芦山仁加坝洞	1 210	K_{1-2}j钙质砾岩	1 500,1.5~5.2,1.2~3.8	
5	邛崃天台山金龙洞	1 270	K_{1-2}j钙质砾岩	总长2 000,主洞500	3层有暗河
6	邛崃南宝山硝洞	1 200	K_{1-2}j钙质砾岩	约1 000,3,5	
7	邛崃城门洞	1 200	K_{1-2}j钙质砾岩砂岩	洞口高5,宽3	
8	酉阳西南无名洞	800	K_{1-2}j钙质砾岩	50,2~6,1.5~10	有暗河

图 4-18　赤水长嵌沟额状洞（长 80 米）

图 4-19　青神中岩半山上的牛角洞

图4-20 乐山大佛左侧的节理发育的洞穴"洞天"的出口(切层节理裂隙)

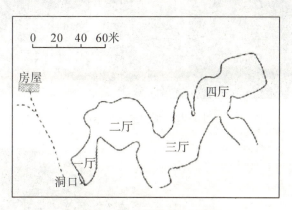

图4-21 赤水长沙龙洞平面图

4.5.9 丹霞穿洞与天生桥

当红色碎屑岩构成的石梁两侧因差异风化、侵蚀与崩塌而贯通,顶部厚度远大于下部空间高度时,一般称为穿洞(见图4-22);顶部厚度小于其下部空间高度,而且顶部比较平坦的,称为天生桥;顶部向上拱凸,则称为拱门。拱门出现于风蚀强烈的干旱区,本区域主要出现丹霞穿洞和天生桥。它们出现在四川盆地周边丹霞山地较多,盆中也有少量出现。赤水天生桥众多,不少是由于丹崖赤壁后侧,地表水沿垂直节理下蚀,贯穿而成,因而天生桥内侧相邻的崖壁常有瀑布出现。如赤水四洞沟附近的渡仙桥长 15.8 米，赤水大同镇的天生桥长约 50 米。它们都产生于白垩系地层。地层倾角 8 度左右。盆地内武胜胜利镇龙潭寺天生桥长 500 余米，跨径 62 米，拱高 15 米，桥顶厚 3 米，桥面宽 4~8 米，是一处桥下通行公路的大型天生桥，产生于上侏罗统遂宁组。邻水东北部也有一处天生桥，名叫"扁担岩"，位于铜锣山背斜顶部的飞仙关组紫红色钙质粉砂岩地层（见图 4-23、图 4-24）。

丹霞环状岩、红圈子、壶穴与蜂窝状洞穴地貌等，此处不再赘述。

图 4-22　剑门关一处穿洞

图 4-23　武胜龙头山穿岩天生桥

图 4-24　邻水扁担岩天生桥（后景为相邻崖顶的草丛）

4.5.10　丹霞瀑布景观

这是丹霞陡崖与流水组合而成的景观，在丹霞地貌中是一种不可忽视的重要旅游资源。丹霞瀑布主要分布于四川盆地南北边缘山地，尤其南部，赤水号称"千瀑之乡"。赤水的十丈洞瀑布，高 72.6 米，宽 80 米。瀑布从倾角 4 度的水平产状的上白垩统陡崖飞落，气势磅礴，其水汽可以形成小型佛光。人称"中国丹霞第一瀑"（见图 4-25）。重庆四面山望乡台瀑布，高 152 米，号称"华夏第一高瀑"（见图 4-26）。古蔺黄荆的八节洞，在很短的距离内，连续八节瀑布，亦属奇观。川西的横断山区以喜德的瓦尔瀑布较为突出。

图 4-25　赤水十丈洞瀑布

图 4-26　重庆四面山望乡台瀑布

4.5.11　丹霞造型石

这是一种特殊的丹霞地貌，因地貌形状似人似物而成为有价值的旅游资源。邛崃天台山的倒脱靴形似一只倒放的巨大靴子（见图 4-27）；赤水石堡的鹅嘴石、元厚形状诡异的石柱"外星人"（见图 4-28）；习水红圈子的奇异石柱"石人"；夹江县状似老人的"丈人峰"等，它们都是有价值的造型石。

图 4-27　邛崃天台山倒脱靴丹霞造型石

图 4-28 水元厚"外星人"丹霞造型石

4.6 按发育阶段分类

按照发育阶段划分,丹霞地貌可以分为:顶部保持古剥夷面的幼年期;古剥夷面为峡谷分割的青年期;峰丛、峰林为主的壮年期;孤峰、残石为主的老年期。总体来看,本区域的丹霞地貌以青年期和壮年期为主。如四川盆地南北边缘山地的丹霞地貌峰丛密布,应为壮年期;而盆中丘陵区,不少区域丘顶保持古夷平面,并为峡谷分割,应为青年期。应用热释光测年,求得乐山凌云山丹霞地貌绝对年龄为约 74 万年,而赤水丹霞地貌山地的年龄在 800 万~1 800 万年不等。数据证明,绝对的盆地边缘丹霞山地的发育年龄远大于盆中丹霞丘陵的发育年龄。但世间的事物是复杂的,赤水习水以东的古剥夷面,有一些剥蚀残余的石峰,它们的地貌应当属于老年期,如赤水丙安海拔 730 米古剥夷面上残留的"三尊佛"三座石峰,习水圆洞上方海拔 1 100 米古夷平面上的五座石峰的"五仙山",它们都属于老年期地貌,而它们的夷平面切割下多是深深的峡谷,峰丛林立,属于青年期或壮年期。

5 区域内丹霞地貌负载的文化遗存

川渝黔北地区不只丹霞地貌景点众多，而且构成丹霞地貌的红层形成的地质年代跨越时间长，从早三叠纪，到侏罗纪、白垩纪、古近纪，绵延1.5亿年以上。分布区域有丘陵、山地，也有高原，而且它们负载的文化遗存也是十分丰富多样的（见表5-1）。

表5-1　中国分区域丹霞地貌景点数量统计

序号	区域	行政省市范围	景点数/处	备注
1	东北	辽、吉、黑	3	
2	华北	内蒙古、京、津、晋、冀、鲁	50	山西最多，25处
3	东南	苏、浙、沪、皖、赣、鄂、湘、台、闽、粤、桂、港、澳、琼	456	江西最多，203处。武夷山、南岭两侧为密集区
4	西南	川、渝、黔、滇、藏	386	四川最多，227处。四川盆地周边为密集区
5	西北	陕、甘、青、宁、新	238	甘肃最多，112处
	合计		1 133	

注：数据根据《中国丹霞地貌简表》整理得来。

5.1 宗教文化遗存

丹霞地貌的丹崖赤壁，因其形成的地层含有丰富的三氧化二铁而具有特殊的红色。这种红色，从事丹霞地貌的研究者一般形容它是"色渥如丹，灿若明霞"的色彩。实际上这种红色，包括从浅土红色，到砖红、赤红，乃至暗紫红色，都是它的色度范围，但以砖红色为主。由于丹霞崖壁色彩的跨度大，而以饱和度最高的红色为主色调，不妨称之为"丹霞红"。

红色是人类最早感知最深，与太阳、血液联系在一起，具有生命力、神秘力的一种颜色。旧石器时代，人们就对具有丹霞红色的由三氧化二铁组成的赭石感兴趣。原始宗教是人类文化的"童年时代"。原始宗教的崇拜，表现为三方面：自然崇拜、图腾崇拜和生殖崇拜。古人常用赭石来表现这三方面的崇拜。延续至今，中国的佛教、道教的寺、观的墙壁，尚以赭石涂刷，通过"丹霞红"的色彩以彰显宗教环境的庄严、肃穆与神秘。

（1）丹霞地貌的原始宗教遗存。

丹霞红色的崖壁令人兴奋、惊叹，产生丰富的美的感受；在人类文化史上，丹霞地貌与宗教文化结下不解之缘，其发端于原始宗教。四川西南部横断山地南段的盐源盆地内，沉积有古近系紫红色磨拉石建造的砂砾岩，在金沙江支流的侵蚀下，形成具有奇峰怪石的丹霞地貌。在盐源城南的公母山就是一处这样的丹霞地貌。

（2）丹霞地貌负载的佛教文化遗存。

佛教于公元 3 世纪经帕米尔，沿丝绸之路传播到中国的古龟兹地区（今新疆的库车、拜城一带），公元 3 世纪后半叶，它遍及河西走廊，从公元 3 世纪末拉开序幕，佛教在中国传播的高潮一波又一波从北向南扩展。北方的高潮期在5~6世纪，到11世纪已趋于衰落；南方的高潮期则在6世纪以后，以弥勒大佛造像为代表的四川丹霞石窟在8世纪进入高潮，11世纪的宋代又有一个次高潮，摩崖造像的热潮一直延续到清代。四川盆地的红色砂岩成为佛教摩崖石刻的最佳材料。随时间的推移，从北方到南方，不仅石窟内供奉的佛像对象和体形有了变化，而且深入岩石内部的石窟，逐步变成很浅的石窟，乃至完全的石龛、摩崖造像；石窟与木构建筑结合的形式，也演变为石窟、石龛、露天摩崖石刻与木构寺庙分离的形式。丹霞佛教石窟主要集中分布在四川盆地。全国有重点文物保护单位丹霞佛教石窟寺 39 处，其中属于本区域的有 30 处（有 2 处为世界文化遗产），约占总量的 77%。其中尤其突出的是巨佛摩崖造像，中国丹霞摩崖造像巨佛（高度大于 15 米）共 13 处，在本区域的就有 9 处（见表 5-2）。乐山大佛高达 71 米，是古代现存摩崖石刻之最（见图 5-1）。这种巨佛造像工程浩大，有时延续时间很长，其中乐山大佛就前后延续了 90 年，潼南大佛的建造更长达 265 年。在四川有的地方还有巨佛"半成品"的存在，如岷江流经的平羌峡的丹崖上就有一个巨大的未刻完的佛头，人们估计是南宋末年因战乱而永远无法完成的巨佛。这种巨佛造像没有丹霞地貌的砂岩具有大斜层理、巨厚层理（局部大于 5 米）是难以实现的，而且与四川盆地多临江陡崖形丹霞地貌亦有密切关系。

表 5-2　四川盆地丹霞摩崖造像巨佛（高度>15 米）名录

序号	巨佛名称	高度/米	所在省县	造像时间	所在地层	文物保护级别	备注
1	乐山大佛（弥勒）	71	四川乐山	唐	$K_{1-2}j$	W，G	
2	荣县大佛（释迦）	36.7	四川荣县	北宋	J_2	G	红页岩家黄色砂岩
3	八仙山大佛（接引）	32	四川屏山	明	$K_{1-2}j$	S	直立像
4	仙女山齐山双佛（释迦和多宝如来）	30 与 28	四川彭山	唐修建，现代重修	$K_{1-2}j$	Sh	
5	半月山大佛（弥勒）	22.24	四川资阳	唐	J_2s	G	黄色砂岩
6	潼南大佛（弥勒）	18.4	四川潼南	唐至宋	J_3s	G	
7	禹迹山大佛（释迦）	17.5	四川南部	南宋前	K_1c	G	
8	黄桷大佛（弥勒）	16	四川安岳	唐	J_3p	S	
9	牛角寨大佛（弥勒）	15.9	四川仁寿	唐	J_3p	G	半身胸像

　　注：保护级别分 W、G、S、Sh 四级。其中，W 表示世界级；G 表示国家级；S 表示省级；Sh 表示县级。

图 5-1　乐山大佛（弥勒造像，高 71 米）

　　除去巨佛，丹霞崖壁负载的佛教摩崖石刻还有大量精美的遗存，可以说是比比皆是。安岳摩崖造像的紫竹观音（见图 5-2）、卧佛，大足的千手观音、佛传故事等，都有极高的文化及艺术价值。

图 5-2　安岳摩崖造像的紫竹观音

（3）道教丹霞摩崖石刻。

中国道教亦钟爱丹霞地貌。道教的兴起在东汉中期，晚于佛教传入的时间，它糅合了古代中国神鬼思想、神仙方术、谶纬之学和黄老思想，将老子和《道德经》宗教化，由张陵首创于四川丹霞地貌地的鹤鸣山。道教的"圣地"涵盖了中国的大量名山胜水，其中有36洞天、72福地。全部由丹霞地貌构成的青城山，以及部分由丹霞地貌构成的峨眉山等，均名列其中。丹霞地貌的洞窟，常为道家修行、炼丹之所。丹霞地貌的一些奇特微地貌，多有附会为"仙人"神力的"遗迹"者，如青城山的张天师"试剑石""掷笔槽"等。道教在发展过程中逐步吸收了一些佛教文化的做法，到唐代因统治者的提倡，道教进入全盛时期，这时道教也和佛教一样，开始建造石窟。

到了宋代，由于全真道的出现，道观中、石窟中出现了大量佛、道同堂，或者儒、释、道三教同龛，或道观与寺庙亲密为邻，形成不同宗教和平共处的有趣的格局。四川盐源丹霞地貌的公母山下一个狭小盆地内，拥挤地布局了佛教的观音殿、道教的玉皇殿、文昌殿等庙宇，彼此隔墙为邻，融为一体。道教将石窟称为"石室"（为符合一般文物定名，以下仍称石窟）。它的建造最早始于隋代，全国丹霞地貌的道教石窟主要有10处，除一处在甘肃外，其余都在川渝地区（见表5-3）。

表5-3　主要丹霞地貌道教石窟名录

序号	名称	地点	年代	地层	保护级别
1	南山石窟	重庆大足	宋至明清	J_3p	WG
2	玄妙观石窟	四川安岳	唐	J_3p	S
3	飞仙阁造像	四川浦江	南北朝	$K_{1-2}j$	G
4	鹤鸣山造像	四川剑阁	晚唐	K_1b	S
5	龙鹄山造像	四川丹棱	北朝至唐	$K_{1-2}j$	S
6	牛角寨三教龛	四川仁寿	唐	J_3p	G
7	玉女泉造像	四川绵阳	隋唐	K_1q	S
8	龙拖湾造像	四川浦江	清	$K_{1-2}j$	G
9	龙华丹霞洞	四川屏山	明清	$K_{1-2}j$	S

由于道教创立于四川，四川盆地又具备便于人工开凿石窟、石刻的丹霞地貌崖壁，因此道教的石窟与摩崖造像大量集中在四川。其中摩崖造像大都有较高的艺术水平，四川仁寿牛角寨摩崖造像的"三教龛""罗汉道妆龛"（见图5-3）均载入《中国美术大全》。四川道教的大型石窟不多，也有佳作，如四川屏山八仙山的丹霞洞，它是仿木构5个开间的仿佛教的佛殿式石窟，供奉对象以道教的神为主，道佛同堂（见图5-4）。但总体就规模而言，道教石窟的规模远不及佛教的石窟，道教的石雕造像，最高也仅5米多。

图5-3　仁寿牛角寨道教摩崖石刻　　　图5-4　屏山八仙山道教石窟

（4）丹霞崖寺。

丹霞天然洞穴藏寺庙是一种特殊的"石窟寺"丹霞地貌区域多大型额状洞，不仅以其形异、色艳，令佛教徒们乐于接近，而且这些额状洞之大型者尤其易被宗教徒选为建寺、造庙之地。这种天然石窟藏庙的景观，颇为独特。长宁蜀南竹海额状洞发育，人们在额状洞内建成寺庙，取名"仙遇洞"（见图5-5）。武胜龙头山天生桥下，也有寺庙。它们都是一种特殊的"石窟寺"。

图 5-5　长宁蜀南竹海仙遇洞

5.2　丹霞崖墓文化遗存

　　古人有死后升天的朴素愿望，于是产生"葬高为孝"的习俗，战国时期便有了利用天然洞穴进行悬棺葬的原始崖墓。丹霞崖壁具有鲜红的色彩，而红色在我国传统文化中代表吉祥，因此在我国悬棺式崖墓以分布于武夷山一带的丹霞崖壁为主。进入汉代，民间铁器广泛运用，初有北方少数凿崖之墓，丹霞崖壁开凿崖墓在东汉进入大流行时期，最终止于明代，前后历时千余年。丹霞崖墓主要集中于四川盆地与汉水流域，特别是岷江中下游（乐山发现近万座，新津、彭山约 5 000 座）与涪江中游一带，现有国家级文物保护单位 11 处（见表 5-4），其中一处位于世界遗产保护区内。丹霞崖墓一般由墓道或享堂、墓门、主室、棺床等构成，单墓或多墓相连，内设仓、井、灶、厕等，并有陶、石制家禽、家畜，以体现视死如生。丹霞崖墓保存了古人建筑、艺术、习俗等遗存，具有很高的文化价值。

表 5-4 丹霞崖墓国家级文物保护单位名录

序号	名称	地点	地层	主要特点	备注
1	铁佛寺崖墓群	安岳石羊	J_3p	人形斗拱	—
2	塔梁子崖墓群	中江民主	K_1c	墨书榜题，彩色壁画	—
3	石城山崖墓群	宜宾横江	K_1w+d	民族崖墓，宋至明	—
4	宜宾黄伞崖墓群	宜宾高场	K_1d	汉代建筑风格典型	梁思成曾来此调查
5	七个洞崖墓群	长宁古河	K_1w+d	石壁石棺均浮雕	夫妻饯行图
6	郪江崖墓群	三台郪江	K_1c	圆雕、浮雕、线刻、彩绘	数量过万
7	江口崖墓	彭山江口	$K_{1-2}j$	多画像砖，秘戏图	梁思成曾来此调查
8	顺河崖墓群	内江顺河	J_3s	—	—
9	河边九龙山崖墓群	绵阳河边	K_1q	—	—
10	合江崖墓群	合江	J，K	多画像棺	—
11	麻浩崖墓	乐山城郊	$K_{1-2}j$	中国最早佛教石刻造像	位于世界遗产地内

　　乐山众多丹霞崖墓中，以城郊的麻浩崖墓文化遗存最为丰富。其 1 区 1 号墓，分前中后三室（见图 5-6）。前室一般也称为享堂，后分三墓，中室门有斗拱等精美雕刻，后室的墓室用以呈放陶棺、石棺，耳室放置陶房、陶器皿、陶畜禽等，壁龛放置陶侍用或其他器物。灶台为厨房设施。此墓内刻有画像 35 幅，分别为瑞鸟、双兽、鱼、跪羊、乐伎、朱雀、挽马、方士、门卒、"胜"（西王母符号）、秘戏、坐佛、董永事父、荆轲刺秦等，内容十分丰富。其中坐佛图（见图 5-7）是早期佛教传入中国的实证。

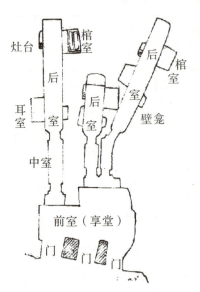

图5-6 乐山麻浩1区1号墓平面图   图5-7 麻浩崖墓坐佛图

挽马图（见图5-8）具有很高的艺术价值，鲁迅在比较中国古代艺术时，曾感叹"唯汉代艺术，博大沉雄"。其他各地丹霞崖墓也各有特色，例如宜宾石城山崖墓群属宋明时期民族墓葬，共177座，分布在叙州区双龙镇、横江镇和复龙镇境内，分为天堂沟、北斗崖、三十六臂山、雷打石、黑石头五个墓区，该墓群葬式独特，雕刻精细，石刻图像丰富，具有较高的文化历史价值（见图5-9）。

图5-8 乐山麻浩崖墓挽马图

图 5-9　宜宾石城山崖墓门前雕塑

5.3　丹霞古寨文化遗存

　　丹霞地貌因其形成的岩层以近乎水平产状的红色砂、砾岩为主，故顶部成平台，而四周崖壁围绕，构成绝佳的易守难攻的军事地形。自秦汉以来，我国的丹霞地貌区域遗留了大量古寨，统计下来，应不下千处。全国丹霞地貌中以寨或城为名的就有 97 处。这些古寨密集分布在丹霞地貌广，历史上曾经历战乱频繁的区域，如江西、广东、四川等。也有一些不以城寨为名，而实有丹霞古寨遗址的丹霞地貌点，如四川的紫云山、凌云山等。川渝以寨、城、堡为名的丹霞地貌有 25 处以上，可见古寨与丹霞地貌的密切关系。

　　丹霞古寨依其功能，可分为三类：第一类是军事古寨，主要出现于历史战争时期，为两军对峙筑成的堡垒。第二类是民用古寨，这是历史上战乱时期，民众为自保而集资修建的古寨。如江安四面山镇的鹦鹉寨建于 1912 年的民国战乱时期，老百姓为自保而修建；还有少数民族的古寨，如赤水大同的苗寨。第三类是绿林古寨，也就是一般说的土匪寨。其中，具有很高历史文化价值的主要是南宋末年，川渝为抵抗蒙元而筑的大量军事古寨。

　　南宋末年，处于长江上游的四川盆地，成为关系到南宋生死存亡的关键地带。对于蒙古军而言，志在必得，企图在夺取四川盆地战争资源后，顺江东下，一举灭亡南宋；而南宋守军，则誓死固守四川盆地，以此支撑南宋局面。

蒙古骑兵在获得中亚、东欧的巨大胜利后，挥师南下，剑指四川。一开始攻蜀，甚为迅猛。1236年（端平三年）9月南进，9月破大安，10月10日至阆中，19日破成都，27日掠眉山，11月1日迫嘉定，蒙古铁骑驰奔冲刺，迅猛异常。这主要是由于在旷野地带，南宋以步兵对骑兵，很难获胜，加之地方官和军队怯战，故蒙古军如摧枯拉朽。开始，蒙古军攻蜀，目的在于掠夺和攻占城市，掠夺之后便自行退去，故成都有1240年、1241年两度被攻占之事。1242年，正当山河破碎、生民涂炭（蒙元攻占四川50余年的时间里，四川人口从159万户下降至12万户）之际，余玠临危领命，授四川安抚制置使兼知重庆府。余玠治蜀10余年，大革弊政、整顿军纪、建馆招贤、调查研究，根据四川盆地的地形特点、历史军事工程、群众的筑寨自保经验，以及著名的冉琎兄弟的建议，决定了依山筑城、恃险拒守、以步制骑，建立山城防御体系的战略方针。余玠及其后继者张实等，在四川盆地内建成了一套据险坚守以抵挡蒙古骑兵的防卫体系。根据史料记载与田野考古证实，现实遗址可查的抗蒙城寨共计40余处，其中主要是丹霞山地与丹霞丘陵（见表5-5），另一些有名但地址无从查证的也在40处左右。实际上，当时百姓为了自保，抗蒙城寨当远超100处。

表5-5　川渝丹霞地貌区域主要抗蒙元古寨名录

序号	名称	属地	地层	地貌	抗蒙元年代	备注
1	钓鱼城	合川	J_2s	丹霞丘陵	1243—1279	坚守36年，"川中八柱"之一。国家级文物保护单位
2	苦竹寨	剑阁	K_1b	丹霞山地	1242—1258	"川中八柱"之一
3	大获城	苍溪	K_1b	丹霞丘陵	1243—1258	"川中八柱"之一
4	得汉城	通江	K_1c	丹霞山地	1249—1262	"川中八柱"之一，刘邦曾筑城
5	云顶城	金堂	K_1q	丹霞山地	1243—1258	"川中八柱"之一。省级文物保护单位
6	青居城	南充	J_3s	丹霞丘陵	1249—1258	"川中八柱"之一
7	运山城	蓬安	J_3s	丹霞丘陵	1243—1258	"川中八柱"之一
8	天生城	万州	J_3s	丹霞丘陵	1243—1279	——

表5-5(续)

序号	名称	属地	地层	地貌	抗蒙元年代	备注
9	女儿城	天全	K，E	丹霞丘陵	宋元间	由土司女兵固守
10	苟王寨	洪雅	$K_{1-2}j$	丹霞丘陵	1235—？	八面山顶，多宋刻
11	三龟城	乐山	$K_{1-2}j$	丹霞丘陵	1243—1275	世界遗产保护区内
12	九顶城	乐山	$K_{1-2}j$	丹霞丘陵	1243—1275	世界遗产保护区内
13	乌尤城	乐山	$K_{1-2}j$	丹霞丘陵	1273—1275	世界遗产保护区内
14	紫云城	犍为	$K_{1-2}j$	丹霞丘陵	1247—1275	—
15	乐共山	江安	K_1d	丹霞丘陵	—	江安城南小龟山
16	三江碛	江安	K_1	丹霞丘陵	1239—？	—
17	神臂城	合江	J_2s	丹霞丘陵	1243—1277	国家级文物保护单位
18	榕山	合江	J_3s	丹霞丘陵	1239—1278	抗蒙时，泸州迁此一年
19	安乐山	合江	J_3p	丹霞丘陵	1230—？	安乐山位于合江城西，赤水河畔
20	虎头城	富顺	J_3s	丹霞丘陵	1265—1274	—
21	紫金山	盐亭	K_1c	丹霞丘陵	1254—？	亦名"金紫山"
22	灵泉山	遂宁	J_3s	丹霞丘陵	1258—？	—
23	蓬溪寨	蓬溪	J_3p	丹霞丘陵	1236—？	1267年蒙将石末乞儿阵亡于此
24	长宁山	昭化	K_1c	丹霞山地	1243—1258	—
25	鹅顶堡	昭化	K_1c	丹霞山地	？—1258	—
26	平梁城	巴中	K_1b	丹霞山地	1251—？	—
27	小宁城	平昌	K_1c	丹霞山地	1234—？	—
28	礼义城	渠县	J_3s	丹霞丘陵	1243—？	—
29	大良城	广安	J_2s	丹霞丘陵	1243—1275	钓鱼城前哨
30	三台山	涪陵	J_2	丹霞丘陵	1266—？	亦名"龟山"
31	皇华城	忠县	J_3p	丹霞岩岛	1243—？	亦名"王华城"
32	赤牛城	梁平	J_2s	丹霞丘陵	1242—？	亦名"牛头寨"

注：宜宾凌霄城海拔1 497米，抗蒙元时间为1258—1288年，抵抗至南宋亡后第9年，其间，该处属喀斯特地貌。

四川盆地抗蒙城寨具有如下特点：

一是城寨的构筑时间主要集中在 1242—1250 年。这是余玠主持蜀政布局抗蒙战略的主要时间。

二是构筑城寨的地貌以丹霞和假丹霞地貌为主。在已经查明地貌的 39 处城寨中，由丹霞地貌构成的城寨有 32 处，占总量的 82%以上，其余一般红层丘陵构成的有 4 处、喀斯特地貌构成的有 2 处、非红层山地构成的有 1 处。

三是城寨主要沿江河两岸分布。盆地内确切地址可查的 42 处抗蒙城寨中，有 27 处（占总量的 64%）位于长江及其支流岷、沱、涪、嘉陵、渠、巴等河的干流两岸。这种布局，既与符合古代四川盆地交通以水运为主，沿河谷是陆路干道所经，主要城市也以沿江河布局为主有关；也与河流两侧的厚层、块状红层砂岩因河流下切、侧蚀，形成的丹霞地貌，有利于筑城防守有很大关系（见图 5-10）。

图 5-10　通江被大通江及其支流环绕的得汉城

四是闭合度大的河曲是重要抗蒙城寨布局处。闭合度大的河曲与具有陡崖地貌的地形结合，特别适宜防守，也因此成为重要的抗蒙城寨的地址。经过蒙古军反复破城后，平原地区的四川首府成都已残破，无险可守，山城重庆取而代之。为了保卫重庆，南宋在蒙古军南下的嘉陵江沿线布局了多处防守堡垒。其中，军事地形优越的南充青居城和合川钓鱼城最为重要。青居城处于南充城南嘉陵江一处深嵌河曲地带，嘉陵江在此蛇行迂曲，河流的闭合度达到 360°，青居城几乎四面完全为水面所包围，成为一个孤立的岛。南宋军民在此坚守 10 年之久。合川钓鱼城是南宋川中防卫体系中最重要的城寨，它位于嘉陵江与支流涪江、渠江的汇合处，是一个由渠江、嘉陵江环绕的半岛，河曲的闭合度也达到325°。而且陡崖高35米以上，城防坚固。南宋军民在此坚守36年，以毙蒙哥于城下而著名。长江畔合江的神臂城，是一处三面环水的城寨，古泸州一度迁此，其河曲闭合度也达到290°，地貌为丹霞丘陵，北部陡崖高达40米以上。由于形势险要，易守难攻，南宋军民在此坚守达34年（见图5-11）。

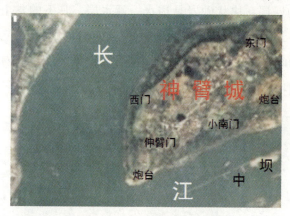

图5-11　合江神臂城卫星图片

五是陡崖对城寨构筑起到关键性的作用，而丹霞地貌以"身陡"为特色。陡崖易守难攻，且可以减少修筑城墙的工程量，因此陡崖成为抗御蒙古骑兵的利器。如钓鱼城城墙内侧一般高2米，而外侧高达20~30米。而且水平产状地层形成的陡崖常不止一层，如钓鱼城第一层陡崖高20~30米，第二层高也在20米左右。这样的地貌有利于瓮城和内外城的布局，而且陡崖可以设置栈道，战时撤除，敌军难以飞跃通过，如钓鱼城护国门外的防御布局（见图5-12）。

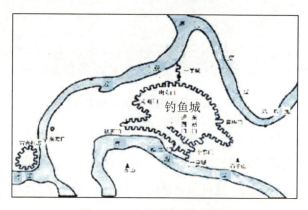

图5-12　合川钓鱼城平面图

六是顶平有利于驻军。丹霞地貌具有顶平的特点，而且一般城寨多选用桌山型，宽阔的台面不仅可以建设大量的营房、宽大的练兵场和仓库，而且台面越大越利于地表水汇集，在四川盆地亚热带湿润气候条件下，多水塘、泉流、瀑布，有利于解决驻军必不可少的水源问题（见图5-13）。此外，台面的厚层、块状砂岩是透水、蓄水层，其下的黏土岩构成隔水层，台面打井，也易于获得水源。历史记载，钓鱼城内有"天池"，浇池走一周需要100多步，宋军又开小池13个、凿井92眼，即便蒙古军长期围困，也不用担心水源的问题。

图5-13　顶部平坦的万州天生城卫星图片

七是筑城材料可以就地取材。构成丹霞与假丹霞地貌的各色厚层、块状砂岩岩石硬度居于中等，易于开凿，因此在筑造抗蒙城寨时，一般可以就地取材，建筑石头城。就目前地址清晰的41个城寨来看，仅营山一处是土城。

八是利用丹霞地貌的天然洞穴或开凿人工洞穴来增强防御能力。《元史》中对蒙军的攻占蜀地战略据点，有城、寨、邑、洞等的记载，但对于"洞"并未做过多解释。就南宋防卫据点布局以丹霞地貌为主，可以肯定"洞"应当是指分布于丹霞地貌中的洞穴。盆地北部的抗蒙城寨，不乏由大量碳酸盐砾石构成的红色砾岩形成的丹霞喀斯特地貌洞穴，如位于小剑山的苦竹寨。丹霞地貌与假丹霞地貌普遍存在差异风化形成的额状洞，以及由节理、崩塌形成的洞穴。这些洞穴常被纳入防御工事体系。红层易于开凿，因此人工洞穴在城寨防御中也经常被运用到。宋军利用钓鱼城的岩石裂隙，扩展出飞檐洞暗道，驻军可由此出奇兵袭击蒙军。此外，运山城还有 6 个石洞专门安置火炮。

5.4　其他丹霞地貌负载的历史文化遗存

5.4.1　丹霞崖居文化遗存

人类早期"穴居野处"，丹霞崖穴不仅可以遮风避雨、防范敌害，而且较之喀斯特洞穴更干燥通风、冬暖夏凉。洞口一般还有泉，更宜于人居。故自有人类文化以来，丹霞崖居就成为人居的一种重要形式。中国的丹霞崖居一直延续到近现代（见图 5-14）。乐山一带崖墓的享堂或墓道直到 20 世纪 50 年代仍有人居住。抗战时期城郊的"蕴真洞"，民间谐音称"人生洞"，实为一大型崖墓，其享堂宽 25 米，深 11.7 米，高 3.2 米，全室长 41.8 米，仅享堂面积就达 300 平方米，空间之大居崖墓之首。宋代时就有人在此洞中居住，或因当时程姓居此，又称"程公洞"，抗战时期这里一度作为监狱。乐山竹公溪畔有白云、清风、朝霞三洞的汉代崖墓，自宋代起就作为名人雅士宴游之地，而且延续到清代。赤水长嵌沟大型额状洞，曾作为乡政府驻地，沐川竹海银子岩崖居洞穴规模亦较大。随着社会经济文化的发展，崖居才退出历史舞台，但中外皆有人凿岩而居，返璞归真者。

图 5-14　赤水金沙沟硝洞（额状洞）80 年代崖居

5.4.2　丹崖古栈道文化遗存

丹霞崖壁陡峭，为了交通便利，各地丹崖都有一些古栈道遗存。四川以"蜀道难"闻名，为了便利交通，历代在丹崖峭壁上修建的栈道颇多。秦汉时期就在剑门关开凿了长 1 500 米的金牛峡栈道；同期在夹江千佛岩也修建了丹霞古栈，这是"僰青衣道"的重要工程。以后有诸葛亮南征时在马边修筑的十丈空栈道，以及不晚于唐代的"金川驿道"的青城山龙隐峡栈道。而秦汉起开凿的米仓山古栈道沿巴江河谷，至今在通江县境丹霞地貌区域尚存有古栈道遗迹 1 万余米（见图 5-15）。

图 5-15　今人沿用的通江米仓古栈道

5.4.3　丹崖题刻与岩画遗存

中国古人喜好在名山大川留下吟诗作赋、寄情抒怀的墨宝，以示"到此一游"，留于丹霞崖壁者尤为众多。丹崖题刻不仅保存了中国书法艺术瑰宝，而且提供了难得的历史资料。如唐韦皋所题并刻于大佛像侧丹崖上的《嘉州凌云寺大弥勒石像记》巨碑，是研究乐山大佛历史的唯一确凿资料，号称"天下奇碑"。乐山白崖山有题刻33处，不乏诗歌、游记之作，对了解宋元明清各代此地历史颇有帮助。此外，青神中岩、都江堰市青城山（见图5-16）、乐山凌云山、马边十丈空等地，都有不少古人题刻，宜宾的"丹山碧水"，据说为苏轼所书。涪陵长江中的侏罗系丹霞石梁"白鹤梁水文题刻"，更是国之瑰宝（见图5-17）。

图5-16　青城山摩崖题刻

图5-17　涪陵白鹤梁水文题刻

通江、南江、巴中一带的川陕红军根据地有大量的红军标语题刻。其中，通江的"赤化全川"和"平分土地"是红军在丹霞崖壁上最大的石刻标语。"赤化全川"刻在沙溪镇海拔800米的红云崖上，崖高25.9米，字高5.9米、宽4.9米，笔画宽0.8~0.9米、深0.3米。"平分土地"刻于至诚镇海拔1100米的佛尔崖上，崖高28米，字高6.95米、宽6.35米，笔画宽0.89米、深0.1米。这两幅标语雄踞高山之巅，即使在数千米外，仍清晰可见。

丹霞题刻除通江红军标语群与白鹤梁被单独列入国家级文物保护单位外，其余不少与其他如摩崖造像等一并成为国家级文物保护单位。

丹霞岩画大量见于汉代丹霞崖墓。近年在宜宾宋江河畔侏罗系红层崖壁上发现有僰人古岩画。

6 地球内外力对丹霞地貌的破坏

丹霞地貌是一种宝贵的旅游资源，但它时时刻刻都在受地球内外力破坏的威胁。这种破坏主要是自然灾害，但也有人类的破坏。

6.1 地球内力对丹霞地貌的破坏

地球内力对丹霞地貌的破坏作用，主要表现在两方面：一是重力作用引起的崩塌、散落，这在一般丹霞地貌区域是共同性存在的问题；二是地震，这在本区域特别突出，尤其四川盆地西部和北部。

重力崩塌与丹霞地貌是共存的。没有重力崩塌无以形成丹霞地貌的丹崖赤壁，而有了丹霞地貌的陡壁也必然产生重力崩塌。丹霞地貌的地层垂直节理有一定的发育，卸荷节理、风化节理更是普遍存在，因而岩体在重力作用下易于崩塌。1948年，乐山龟城山的丹霞陡崖崩塌，体积达1万立方米，造成崖下数家居民与船只被埋，公路阻断。乐山大佛所在的凌云山，存在一条很大的卸荷节理，其南段形成"洞天"洞穴，北段穿过载酒亭，潜在约8.4万立方米的巨大塌方，而且危及大佛的膝部（见图6-1）。散落在一般丹崖下都会存在，尤其在雨季。崩塌与散落物堆积于丹崖下，构成丹霞地貌具有的麓缓的特点。重力引起的滑坡也是丹霞地貌一项潜在的威胁。都江堰堰头的二王庙处于丹霞地貌区，也位于一处古滑坡体上，存在潜在的灾害危险。

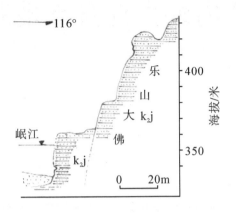

图6-1　节理切过乐山大佛膝部

地震对丹霞地貌的破坏是一种重要的灾害。四川盆地北部、西部，以及横断山区、川西高原是我国著名的地震带分布区。

龙门山断裂带、鲜水河—大凉山断裂带和安宁河断裂带是四川主要的地震发生区，其他如马边—金阳断裂带、威远穹隆、华蓥山断裂带等也是地震常发生区域。一些位于活动断裂带的丹霞地貌，受地震灾害的危害十分突出，如位于龙门山断裂带的青城山、鹤鸣山、窦圌山、罗浮山等丹霞地貌风景区，就有受龙门山地震带严重影响的危险。2008年汶川8级地震，对窦圌山、都江堰丹霞地貌区造成近乎毁灭性的破坏。古代地震对丹霞地貌的破坏有的也十分严重。夹江马村牛仙山有唐代精美的摩崖石刻造像，但其中一部分已受历史上的一次地震破坏，崩塌得一片狼藉（见图6-2）。

图6-2　四川夹江牛仙山地震引起岩崩

6.2 地球外力对丹霞地貌的破坏

外力对丹霞地貌的灾害性破坏，主要表现在暴雨、洪流、寒冻、水土流失、风化与剥落等。

暴雨、洪流和寒冻主要是通过它们导致的崩塌而破坏丹霞地貌。丹霞地貌区域的水土流失程度多属于强度、极强度，乃至剧烈的区域，它造成环境的退化不亚于喀斯特的石漠化。

风化在一般地貌区不足以形成灾害，但在我国红色砂岩构成的丹霞地貌区，由于在它的陡崖部位常负载有大量的摩崖石刻，风化及其产生的剥落对它危害很大。乐山凌云山石窟群的小型石刻，都已因风化与剥落而面目全非，多数已只能看到原石刻的大致轮廓；就连高71米的乐山大佛，也因风化、剥落损毁，历史上虽经多次维修，但面目与形态已远非唐时风采，据秦忠等实测，乐山大佛区域风化速率每年0.216~0.305毫米。唐代石刻距今已1 100年以上，其风化厚度自然可达到20厘米以上，由于岩石质地、小环境的差异，风化程度差别可达20倍（见图6-3）。丹霞地貌中的石柱、石蘑菇也都受到风化的威胁，四川夹江的丈人峰、贵州赤水的"万年石伞"，都已摇摇欲坠，万年石伞再难万年。

图6-3 风化严重的凌云山佛像和被破坏的唐代丹崖石刻

地球内外力对丹霞地貌造成破坏的自然灾害多数具有突发性，因而对旅游者极易造成伤害，对旅游设施造成损毁。丹霞地貌区域的自然灾害也具有周期性。我国每年夏季为多雨的季节，尤其季风区；加之丹霞地貌的裸岩地面占有比例大，因而我国季风区的丹霞地貌景区的洪涝，具有每年周期性爆发的规律。由于自然环境因子是相互影响的，因而自然灾害之间，具有叠加性或链接性。一种自然灾害的发生，常伴随着另一种自然灾害。最常见的是暴雨而引发的山洪、滑坡、崩塌，乃至泥石流，这属于地质灾害与气象灾害叠加；还有地震引发的滑坡、崩塌，则是不同地质灾害的叠加。

　　山地是地壳的物质与能量运动十分活跃的区域，山地灾害十分普遍，处于山地的丹霞地貌，自然也不例外。而且，丹霞地貌具有"身陡"的基本特点，陡峭坡地的物质、能量的流动尤其活跃，因而丹霞地貌区域的自然灾害具有普遍性。没有哪个丹霞地貌区不存在崩塌、散落危险的。

　　目前，已经开发的丹霞地貌区，对于常见的散落、坠石，多已做了危岩清理。乐山大佛前的卸荷大节理，也已经进行了岩体锚固。

　　除去自然因素对丹霞地貌造成的破坏，人为因素对丹霞地貌的破坏也不可忽视。在"文化大革命"时期，本区域负载有摩崖造像、摩崖题刻等文化遗存的丹霞地貌大部分受到破坏。乐山岷江一桥东端，原有清代龙泓寺摩崖石刻"千佛岩"，抗战时期梁思成曾来此考察，极力称赞其反映中国古代楼阁、桥梁、殿堂、经幢等建筑元素的精美。但由于后来要修建大桥，这一艺术瑰宝便灰飞烟灭（见图6-4）。至于盗窃破坏丹霞地貌文化遗存的，至今仍时有发生。

　　保护丹霞地貌资源，有待于提高人们对自然与人文遗存珍视的意识。对于那些濒危状态的丹霞地貌尤应重视，加强保护。

图 6-4　梁思成调查所拍乐山龙泓寺千佛岩摩崖石刻（1939 年）

下编
游遍川、渝、黔北丹霞美景

　　川、渝、黔北地区旅游景点众多，各美其美，异趣横生，耐人寻味。笔者将众多丹霞地区景点分区域进行介绍，以供读者了解，选择游览。本书根据丹霞地貌分布状态、地貌的自然特色、负载的文化特点，将景点分为龙门—米仓山前区、古蜀湖东南区、古巴湖西部区、贵州高原北沿区、盆中侏罗系红层区、川西高原山地区，共六部分，并逐一介绍。

7 龙门—米仓山前丹霞地貌区

因为处于古冲洪积扇顶点区域，龙门山、米仓山的山前地带，多由砾岩、砂砾岩构成，岩石含丰富的碳酸盐，喀斯特地形特点突出，丹霞地貌多峰丛、陡崖、峡谷、溶洞、地下河，负载有古城寨、古栈道、古摩崖石刻等文化遗存。区域内有世界文化遗产2处，世界灌溉遗产1处，国家重点风景名胜区4处，国家级森林公园4处，国家级地质公园2处。

7.1 凿玉垒福泽万代，开丹崖青城洞天

都江堰位于成都西北的都江堰市。战国后期，秦、楚两霸争天下，秦以"得蜀则得楚，得蜀先治水"为国策，派李冰治理岷江，以利沿江东下灭楚。李冰为变岷江之水害为水利，解决交通与灌溉的问题，便身先士卒，火烧水激，凿开白垩系地层构成的玉垒山，打造了丹崖赤壁的宝瓶口与巍立于两水之间的离堆，岷江也就分派为内外两江，内江由宝瓶口约束，以合理的水量灌溉成都平原沃野，水旱无虞；外江起泄洪、航运功效。内江出宝瓶口后逐一分为大小干渠。最后，内外江以及龙门山下成都平原诸小河在新津到彭山江口间，再度汇集为岷江，使得岷江在成都平原形成独具特色的网兜状水系。传说在治水过程中李冰的女儿代父率先下水，不幸被洪水吞没，人们称她为"玉女"，其化作宝瓶口侧玉女峰，日夜守护古都江堰。都江堰是秦代三大水利工程（其余两处是关中郑国渠、广西灵渠）之一，也是这三大水利工程中还在服役的最大工程。目前灌溉面积已达到1 090万亩（1亩≈667平方米），都江古堰水工设计巧妙，是

世界灌溉遗产地。人们为纪念兴建福泽万代古堰的功臣，在离堆山顶修了三重殿宇的伏龙观，在玉垒山坡修建了供奉李冰父子的二王庙（见图7-1）。都江堰工程由鱼嘴分水堤、飞沙堰溢洪道、宝瓶口三大部分组成。二王庙内石壁上镌刻有治水经验总结的"深淘滩低作堰"六个大字（见图7-2）。鱼嘴附近的屹立千年的安澜索桥，历来是羌、藏交通要道。安澜索桥经历了由绳渡（以绳拖船过江）、竹索桥到钢索桥的历史。昔日人行索桥，诗人有云："人行桥上如悬卵""乱石江心凿齿牙"，别有一番惊险。伏龙观、二王庙、安澜索桥都是国家级文物保护单位。从二王庙后高处的观景台可赏都江堰全景；从安澜索桥桥头也可眺望位于古滑坡体上丛林中层层叠叠的二王庙古建筑群。

图7-1　都江堰二王庙

图7-2　都江堰治水六字经验

向都江堰西南行1.6万米，可到达青城山。青城山、都江堰的红色崖壁都是地质历史上恐龙时代的白垩纪地层。青城山主峰——老霄顶海拔为1 260米，因林木苍翠，诸峰环列，状若城郭，得名青城山（见图7-3）。青城山多峰丛、洞穴，人们常说，青城山有三十六峰、八大洞、七十二小洞。青城山的洞主要是丹崖下的额状洞，主要道观之一的朝阳洞就建于老霄顶下一大型额状洞中（见图7-4），天师洞内有天师张道陵像。丹崖、奇洞、幽静山林，青城山因此成为道教追求的洞天福地。东汉年间张道陵（原名张陵）初学道于四川鹤鸣山，始作道书，自称来自太上老君，奉老子为教主，《道德经》为经典，由此创"五斗米教"，也称"天师道"。张道陵晚年显道于青城山，传说其在此羽化，故青城山为天师道的祖山，全国天师道的天师都要来此朝拜祖庭。

图7-3　青城山老霄顶及其环列的峰丛

图7-4　朝阳洞道观位于老霄顶下巨型额状洞中

青城山是道教四大名山之一，又是道教的十大洞天的第五洞天。山上有一些丹霞奇景，有的也被赋予"道教圣迹"的名号，如龙桥有一丹霞垂直节理裂隙，深 70 余米，地貌奇险，道教称其为张天师降服鬼兵、鬼帅时，朱笔一掷划出的深沟，名为"掷笔槽"（见图 7-5）。

图 7-5　掷笔槽的一线天地貌

青城山道观林立（有 10 余座），道教文化遗址丰富，堪称"道教文化博物馆"。青城山以"青城天下幽"的美名，吸引了历代不少文人墨客来此赏景游憩，唐宋诗人杜光庭、张愈曾在此隐居，近代徐悲鸿、张大千等也曾在此常住，创作了不少佳作。宋代诗人白逊有诗赞青城山："青城山中云茫茫""天地皆作神仙乡"。青城山还以日出、云海、圣灯三奇景闻名。青城山因丹霞喀斯特地形特点突出，多地下洞穴暗河，地表水下渗快。其风光，长期有山林强，而水景弱的特点，为补救该弱点，20 世纪末，相关部门采用人工防漏措施，蓄水形成月城湖。如今我们游青城山，可以不只游山，也可玩水了。新发展起来的青城后山，文化遗址虽远不及前山，但幽静山林、环境容量远高于前山，是目前四川著名的康养旅游胜地。

青城山、都江堰是我国的世界文化遗产，其中都江堰还是世界灌溉遗产。它们不仅是国家级风景名胜区，而且是国家 AAAAA 级景区。青城山西南的崇州，有九龙沟风景区，沟口有老地层被推覆于较新的红层上的飞来峰地质奇观；相邻的大邑飞凤山丹崖药师岩有晚唐至明的摩崖石窟 15

窟、36 龛、1 000 余尊大小造像。青城山的东北的彭州，一直到江油，也有多处以白鹿顶为代表的飞来峰奇观，它们都是龙门山国家地质公园的重要组成部分。

7.2 剑门蜀道多奇峰，安县砾宫有龙泉

2015 年 11 月 12 日，蜀道已被联合国教科文组织世界遗产中心列入世界遗产预备名录，剑门蜀道西起成都，东北至广元。此道北延可至中原，是中国有史以来中原地区与四川交流的要道。它在四川盆地内串联起了一大批丹霞地貌风景名胜地和历史文化遗产地，是我国为数不多的自然与历史文化遗产之一。这里有国家级风景名胜区 2 处，国家级地质公园 2 处，国家级森林公园 2 处。

剑门蜀道是侏罗系、白垩系红层广泛分布的区域，富含碳酸盐的红色碎屑岩，相邻的龙门山地质活动强烈，因而这里的丹霞地貌特点体现为多陡崖、奇峰。人称罗浮山有"十二峰"，剑门山更有"七十二峰"之多，沿蜀道前行，满目皆可见峰丛，但峰之奇者要数窦圌山三峰（见图 7-6）。它们是三座丹霞石堡（见图 7-7）。窦圌山最早叫作"猿门山"，因在南北朝以前，山上猿猴较多，加之两山形如门，故称"猿门山"。南北朝时山上就有寺庙，当地老百姓见山体由豆子大的石子构成，山形如圆形粮囤的"圌"，故通称为"豆圌山"。唐朝时，窦子明见圌山峰奇景美，便弃官隐居于此，开山辟路，建筑庙宇，修仙炼道，使圌山上殿宇成群，楼阁联翩。后人便将豆圌山冠以"窦"姓，名"窦圌山"，李白在访道时，曾有诗赞窦圌山："樵夫与耕者，出入画屏中"，可见此地历来风光不凡。

图 7-6　窦圌山丹霞石墙地貌

图 7-7　窦圌山丹霞石堡的神斧、东岳、飞仙三丹霞石堡

　　窦圌山实为两道丹霞石墙最高处的三座石堡。主峰东岳峰海拔为 1 180 米左右，其余二峰为飞仙、神斧，相对高度都在 60 米左右。这两道石墙地层属于上侏罗统莲花口组灰红色（风化面呈灰白色）砾岩，砾石直径 1~5 厘米，主要为石灰岩构成，地层倾角约 5 度，由两组近乎垂直的节理控制形成独立的三座石堡。在地壳相对稳定时期形成海拔 1 100 米左右的剥夷面，在上侏罗统遂宁组上留下蚀余的莲花口组的两道石墙及三座石堡。它们应当属于老年期丹霞地貌，现在这一地区宏观上还是属于青年期地貌，那是地壳运动产生的地貌回春的结果。窦圌山最有价值的文物是"飞天

藏"。它初建于宋代，结构特殊，具有"巨锥一举千灯悬"之妙，是国家级重点保护文物。窦圌山三石堡，唯东岳峰可登山到达，它与其他两峰仅有铁链相连，游人在此可以观赏艺人惊险的飞渡表演。窦圌山是江油国家地质公园的重要组成部分。

窦圌山下，江油青莲镇是李白故里，这里有亭台楼阁、雕栏画柱。浏览此地令人有"云想衣裳花想容，春风拂槛露华浓"之感。

安县在窦圌山东北，这里是安县国家级地质公园所在地，公园以石灰岩生物礁著名，丹霞地貌的多峰丛罗浮山、洞穴幽深的丹霞洞穴"龙泉砾宫"也在此公园范围内，而且是重要组成部分。罗浮山海拔 867 米，相对高度 100 余米，由上侏罗统莲花口组灰红色灰质砾岩（砾径 3~5 厘米为主）构成了太乙、凌霄等峰丛地貌的 12 座奇峰，山上多石芽（见图 7-8）。此地在明代已成佛教、道教圣地。

图 7-8 罗浮山顶的石芽地貌

安昌河西岸有丹霞洞穴龙泉砾宫，为全国罕见的丹霞砾岩溶洞，地层为莲花口组，洞穴全长约 3 000 米，分为上、中、下三层，洞内空间很大，有大月城、小月城，它们是洞内漏斗，连接下层洞穴，比较特殊。洞内多喀斯特地下景观（见图 7-9）。下层为水洞，其水由地下河排入安昌河，是为龙泉。与龙泉砾宫隔河相望有喇叭洞、刘家洞。罗浮山西南是睢水数百个高 50~60 米的晚三叠世硅质海绵生物礁分布区。

和安县相邻的梓潼有七曲山国家级森林公园，这里的红层山丘以多古柏为特色，园内七曲山大庙建筑古老，规模宏大。

图 7-9　龙泉砾宫洞穴内的石钟乳与石幔

7.3　剑门雄关誉天下，金牛古道通千年

剑门关是国家自然与文化遗产。三国时，蜀汉丞相诸葛亮以汉德县（治今汉阳镇）有"大剑至小剑隘束之路三十里，连山绝险"，于此地"凿石架空为飞梁阁道，以通行旅"，又于大剑山峭壁中段两崖相峙处，倚崖砌石为关门，置阁尉，设戍守，成为军事要隘，此乃剑门关的由来。诸葛亮六出祁山历经此关，姜维力保蜀汉亦依托此关。关城位于由下白垩统剑门关组红色砾岩（砾径 3~8 厘米，以石英岩、石灰岩为主，地层倾角4~9 度）构成的大小剑山间丹霞隘谷中，相连还有一些丹霞巷谷。剑门关易守难攻，号称"天下雄关"，有"剑阁天下雄"的美誉，如图 7-10、图 7-11、图 7-12 所示。大剑山是"剑门七十二峰"之首，山顶有丹霞断崖"舍身岩"，梁代始建的"世外桃源"梁山寺，地名"大穿洞"的丹霞雏形天生桥，高 50 余米的丹霞石柱"石笋峰"，惊险十足的鸟行栈道。关前还有古墓一丘（人称"姜维坟"）和形似戴盔披甲武士的丹霞石柱"姜维石"。一代名将，空洒热血，令人唏嘘。

图 7-10　丹霞隘谷中的剑门关

图 7-11　剑门关丹霞断崖

图 7-12　剑门关丹霞巷谷

秦汉以来，剑门关与梓潼之间，历代广植柏树，而今古柏有1万余株，半数以上在剑阁境内，古柏植于古驿道两侧，人称"皇柏大道"。与剑门关相邻的"翠云廊"多直径为1~2米的古柏，是古柏精粹之地，此地为国家森林公园。剑门关东南的历史文化名城阆中，是中国四大古城之一，已有2 300多年的建城史，为古代巴蜀军事重镇。古城有张飞庙、巴巴寺、贡院等全国重点文物保护单位；并有下垩统红砂岩崖壁上的大佛寺、石室观、雷神洞、牛王洞等摩崖造像。红四方面军总政治部等旧址也在这里。

剑门关北面是"四川北大门"的广元，这里有中侏罗统黄色长石石英砂岩崖壁（假丹霞地貌）上的著名的有南北朝、隋、唐、宋、元、明的摩崖造像，其中以唐居多的千佛岩石窟群，南北长400余米，最高处40米，共有龛窟400余个，造像7 000余尊。龛窟重叠密布，最多达13层之多，为四川境内最密集、最大的石窟群，号称"石窟博物馆"，如图7-13所示。石窟下嘉陵江岸边为古蜀道——民国始修筑川陕公路，对石窟多有破坏。与千佛岩相对的鸟龙山皇泽寺是武则天故里的祀庙，也有以唐为主的大量摩崖石刻。广元以北嘉陵江流经的大量碳酸盐岩夹紫红色泥岩构成的明月峡，有大量古栈道遗迹（见图7-14），它们和以南到剑门关的古栈道（见图7-15），都是蜀人受骗为迎接秦国"会拉金块"的金牛而修筑的古金牛道的组成部分。

图7-13 密如蜂房的广元千佛岩石窟群

图 7-14　明月峡古金牛道栈道

图 7-15　剑门关峭壁上的古栈道

7.4　南龛唐艺存巴中，"赤化全川"在通江

白垩纪古蜀湖东北部分，米仓山前通（江）南（江）巴（中）一带是著名的红军根据地，也是丹霞地貌广布的区域，有大量的以唐代为主的摩崖石窟，也有不少红色革命文化遗存。

四川东北部米仓山南麓的巴中是古代南北交通要道"米仓道"上重要的节点城镇，在唐宋时期非常繁荣。南来北往的人在此开窟造像、装彩题词，留下了许多精美的石刻艺术珍品。这些石窟不仅是华夏文明的实物见证，还是研究我国历史、文化艺术、宗教等的重要实物资料。巴中辖区内石窟造像丰富，现存59处，有500余窟（龛），主要有：位于巴中市区周围的南龛、北龛、西龛、东龛，水宁镇千佛崖，兴文镇的沙溪，三江乡的龙门村，恩阳镇的千佛崖、佛尔岩等。它们都镌刻在下白垩统浅灰、灰黄至紫红的砂岩崖壁上。巴中石窟造像受中国北方石窟艺术的影响，融合了蜀地的民俗风情。石窟缘以龛为主，绝大多数为唐代作品，有着鲜明的艺术风格和特征。另有少数开凿于隋代，宋、明、清至民国的少量石龛。窟龛造像以佛教造像为主，也有少数佛道合龛像和明清至民国时期儒、道和民俗造像。

巴中南龛石窟（见图7-16）保存较完好，也最精美，展现了唐代艺术风貌。现有造像137龛，2 000余尊，有经幢14座，造像碑10块，新建碑4块，严武（唐巴州牧）"奏表"碑1块，题记50篇，诗文52首，造像精巧玲珑，姿态各异，典雅大方，是古人巧夺天工的艺术精品。观赏巴中南龛使人感觉穿越千年，梦回大唐盛景。

图7-16　巴中南龛石窟

1932—1936年，通江一带曾是川陕红军活动中心。为了组织群众和震慑敌人，红军在通江镌刻了大量的石刻标语，其数量之多、规模之大、内容之丰富、保存之完整，为根据地之冠。通江现存有红军石刻标语168处共418幅。其中最著名的是红云崖的"赤化全川"（见图7-17），以及佛尔岩的"平分土地"，都是字迹特大的石刻标语，后者面积达396平方米。此外，通江还有大量红军活动的遗迹，因而这里被称为"露天革命博物馆"。

图7-17 通江红云崖"赤化全川"标语

由巴中经通江再往北通陕南是古米仓道，在通江以北的古道沿通江河所经的上侏罗统红色砂岩构成的丹霞峡谷，有无数古栈道架木石的石孔遗存。

7.5 天台丹霞多奇景，芦山峡谷少明霞

天台山位于成都西南的邛崃（四川四大古城之一，文君故里）市。它位于向斜构造的轴部，中部为上白垩统灌口组红色砾岩，西临断崖，三面环绕较老的白垩系夹关组砂岩、砂砾岩，地层倾角为3~4度，产状平缓。最高峰海拔1 794米，主要景点分布在1 000~1 300米地带，是国家级风景名胜区和国家级森林公园。天台山多丹霞奇景：海拔1 080米处，有宏伟的丹霞陡崖"川西绝壁"；海拔1 240米处，有长40米，宽1~1.5米，高30~40米的丹霞一线天"天缝峡"；海拔1 245米处，有"小磨房"的多级瀑布；往上有由含石灰质占80%~90%的红层砾岩构成的"花石林"，它的面积约为5 000平方米，石芽高3~5米（见图7-18）；再往上行，地面的岩石就变成了砂岩；最后在1 270米处，出现一个岩层里面流水出来的红层喀斯特溶洞，名叫"金龙洞"。金龙洞洞体发育在砾岩中，分为三层，上层顶板为砂岩，地层倾角为4度左右，主洞长500米以上，石笋、石钟乳不发育，低层地下河流量每秒0.1~0.2立方米。在左行下山道上，路旁

有一个石柱，上大下小，好似一只巨大的倒置靴子，老百姓一般把这种地貌叫作"倒脱靴"，它是丹霞地貌中较为特殊的一种地貌。金龙洞上方有停车场，地名叫"正天台"，有一棵巨大古树红豆杉。此外，云台山高处的蟠龙沟、下山道右行步道的"小九寨"（见图7-19），此二处瀑布、溪流交错，树影婆娑，风光优美。天台山还有"和尚街""和尚衙门"等古遗迹。可见，此山禅林曾一度如此之兴盛。

图7-18　天台山花石林

图7-19　天台山"小九寨"（板状岩层河床）

天台山所在的邛崃，有多处唐代摩崖石窟。邛崃市区西北的石笋山是唐及唐以前成都至云南、海外的一条重要通道。此地丹崖上刻有唐代佛教石窟33龛、大小造像1 000余尊，分布在高30~50余米，长130余米的悬岩上，十分精美。邛崃市区西5 000米的磐陀村有唐代摩崖造像4窟，有"千佛""净土变"及密宗造像。寺内有明代壁画，颇为珍贵。邛崃市区西北约5 000米的花石山有花置寺唐代摩崖造像。该造像遗址原规模颇大，现仅存 10 龛，总长度为 32.8 米。各龛造像继承了中国佛教造像早期的庄重、雄浑和丰满等诸特征。邛崃是成都市唐代摩崖造像最丰富、最密集的地方。

天台山东北的大邑有丹霞低山——鹤鸣山，是道教创始人张道陵最初习道之处。此地"清流抱山合，乔树夹云寒"，风景也不错。

天台山西邻的芦山（海拔 755 米），这里由于从晚侏罗世到古近纪都是处于龙门山前冲洪积扇扇顶部位，沉积下很厚的红层砾岩，这些砾岩含碳酸盐高达 85%以上，因而喀斯特特征很明显，在芦山县从北到南，由芦山河及其支流，溶蚀、侵蚀成冒石子峡、金鸡峡、大岩峡、灵官峡四大峡谷，以及邛崃南宝山中的宝珠山峡谷、天全的老场峡。其中红军长征驻扎过的大川附近的冒石子峡海拔为 1 130 米，由上侏罗统红色灰质砾岩构成，四周所见都是丹霞喀斯特峰丛地貌（仰天窝附近，约 500 米距离内，就有漏斗 3 个），冒石子峡得名于峡口有一股泉水从河底上涌，冲起彩色的小石子，不失为一处奇观。峡谷深度大于 900 米，长 4 500 米。冒石子峡中的玉溪河流出冒石子峡谷后，在海拔 1 200 米的夷平面上蛇曲下切成 80 米深的白石河峡谷，两峡相连形成一大片峰丛掩映峡谷的景观。

芦山附近有大岩峡，长为 3 500 米，深 762 米，两岸峭壁壁立，溶洞和地下河发育，是典型的嶂谷景观（见图 7-20）。芦山西北与天全交界处，还有一个长达 7 千米的灵官峡，它与大岩峡地层相同，但喀斯特现象更为突出，在海拔 1 400 米的夷平面上，面积 2 平方千米的范围内，峰丛、洼地密布，最密处洼地密度达到每平方千米 8 个之多。这两个峡谷都由白垩系与古近系红色灰质砾岩夹砂岩构成。

这些峡谷的陡壁因喀斯特化，外观都是灰白色的崖壁，而实际是"心红皮白"，新鲜断面依然灰红一片，不失丹霞原岩本色，但丹霞地貌崖壁的"灿若明霞"已不复见。芦山一带的峡谷宏伟、幽深、飞泉漱玉、层峦叠嶂，既有红军长征的红色文化遗存，又邻珍稀动物大熊猫栖息地，但其旅游资源亟待开发。

图 7-20　芦山大岩峡

8 古代蜀湖东南部丹霞地貌区

白垩纪古蜀湖区域是丹霞地貌相对分布密集的区域。西南起雅安、峨眉山一带，向东北沿总岗山、龙泉山分布，是古蜀湖东南部丹霞地貌分布区。其构成丹霞地貌的地层以白垩系夹关组砖红色长石石英砂岩为主。这一区域丹霞地貌有峨眉山—乐山大佛、夹江东风堰两项世界遗产，碧峰峡、峨眉山、乐山大佛 3 处国家级风景名胜区和 AAAAA 级景区，国家级文物保护单位近 30 处，尤以摩崖石刻、汉代崖墓众多为特色。

8.1 茂林飞瀑隐丹霞，野生苑囿育熊猫

雅安位于四川菱形盆地西部的顶点，独特的地形造成这里终年多阴雨，有"天漏""雨城"之称。由于雅安地表径流丰富，临近邛崃山，地壳上升强烈，因而青衣江水系下切白垩系红色砂岩、砂砾岩，形成了颇多的丹霞峡谷和丹霞峭壁。雅安城北有森林茂密的 AAAAA 级景区碧峰峡。碧峰峡风景区由两条峡谷构成，左峡谷长 7 000 米，右峡谷长 6 000 米，峡谷宽 30~70 米，海拔 700~1 971 米，谷深 100~200 米。两谷呈 V 字形展开，是一个封闭式的可循环游览景区。有黄龙峡、天仙桥、天然盆景、千层岩瀑布、白龙潭瀑布、鸳鸯瀑、女娲池、滴水栈道、雅女园等众多景点（见图 8-1）。由于碧峰峡森林茂密，丹霞峡谷隐秘其中。碧峰峡的谷顶剥夷面上呈缓丘地貌，景区修建了一处野生动物园，将白狮、白虎、鸵鸟、驼羊等珍禽异兽散养其中，供游人观赏。尤为特别的是，碧峰峡还修建了大熊猫保护研究中心，景区内有大熊猫基地。该基地集科研、繁殖、旅游

多功能于一体，分为白熊坪、幼儿园和海归大熊猫乐园三个展示参观区，这里的大小熊猫萌态可掬，"熊猫幼儿园"里的幼小熊猫尤为逗人喜爱（见图8-2）。

图 8-1　碧峰峡谷底

图 8-2　熊猫幼儿园的小熊猫

出碧峰峡沿陇西河向东北溯流而上，有下里（碧峰峡镇）、中里、上里三镇，其中上里古镇颇负盛名。上里古镇地处雅安市北部，这里是红军长征北上的过境地，也是昔日"南方丝绸之路"临邛古道进入雅安的重要驿站。小镇依山傍水，田园风光，现仍保留明清风貌的吊脚楼式建筑与古代拱桥、古石牌坊。上里古镇著名的景点有"双孝节"牌坊、韩家大院、白马泉、喷珠泉等。

雅安东郊的金凤山有相对高度约为 150 米的丹崖陡崖，可登高远眺，沿陡崖有千步石梯，名叫"西蜀天梯"。金凤山下公路侧是一处国家级文物保护单位——高颐阙。它是高颐的墓阙，建于 209 年（东汉建安十四年）。主阙十三层，子阙七层，是用多块大小不同的红色长石英砂岩堆砌的有扶壁重檐五脊式仿木建筑，由基、身、楼、顶四部分组成。高颐墓阙及石刻是我国已知的汉代石结构建筑中保存最完好、雕刻最精美的不可多得的文化遗存（见图 8-3）。

图 8-3　雅安汉阙高颐阙

雅安南有周公山，主峰金船山海拔 1 721 米，有巨大丹崖赤壁。周公山，古称蔡山，传说诸葛亮南征途经此梦见周公，周公山因此得名。此山自汉唐以来逐渐成为中国历史名山，山上庙宇众多，古建筑鳞次栉比，丹崖碧树，风光秀丽。周公山下周公河畔有周公山温泉，从红层中涌出井口的水温达 80℃，是一处含碘、溴、锂、氟、偏硼酸、硫化氢、偏硅酸镭等多种有益于人体健康微量元素及化合物的高温医疗热矿泉水。

雅安东北的名山，白垩系红层山地有著名的蒙顶山。它又名蒙山，最高峰上清峰，海拔为1 456米。蒙顶山因"雨雾蒙沫"而得名，常年雨量达2 000毫米以上，人称"雅安多雨，中心蒙山"。人们也常说："扬子江中水，蒙山顶上茶"，这里被誉为"世界茶文化圣山"。景区山峦起伏，翠茶满山，溪涧纵横，并有千年银杏、古刹（永兴寺、天盖寺、千佛寺、净居庵等）红墙，风景如画。主要景点有皇茶园、甘露石室、蒙泉井、茶博物馆、盖寺等。

总岗山自洪雅西南逶迤向东北延伸二百余里，直到岷江西岸的新津。全山由褶断背斜构成，背斜轴部的总岗山断层绵延山中，白垩系砖红色砂岩或出现于背斜轴部或分布于两翼。构成错落分布的丹霞方山、丹霞峡谷以及丹崖赤壁，以地层而言，白垩系地层足有6 000多万年；以地貌年龄而言，也有近百万年；以这里丹崖负载的隋唐石刻而言，也在千年以上。到总岗山旅游会使人有穿越时光隧道，经历恐龙时代到隋唐盛世的感受。

总岗山南端起于旅游名山瓦屋山下的玉屏山，长1万余米的丹霞断崖形成的山形有似屏风，故名。山顶海拔1 382米，全山遍植人工林木，形成人工林海，环境优美，有落差百米的瀑布（见图8-4）和明代摩崖造像39龛。人称这里"泉出林间飞白练，云深山岫漫蓝天"，是森林康养的好去处。这里还有特殊的丹霞额状洞"岩盐洞""抱朴洞"以及丹霞喀斯特漏斗。玉屏山下花溪河支流柳江河畔有古镇柳江，烟雨柳江，风光迷人，有古榕、古码头、曾家园等古建和唐代观音岩石刻，是四川十大古镇之一。

图8-4　洪雅玉屏山丹崖与瀑布

8.2 总岗逶迤二百里，丹崖错落千万年

玉屏山北端是青衣江切过总岗山形成的槽渔滩峡谷，这里有古南方丝绸之路通道之一的"竹箐关"古栈道及许多明、清时代遗留下来的古石刻和寺庙，以及现代利用丹霞崖壁开凿的大型卧佛和仿制世界名塔的"千塔佛国"。峡江水库内波平如镜，渔舟点点，岸边丹崖壁立，杪椤层层如华盖。槽渔滩东的呵叱寺有摩崖石刻环绕一丹霞巨石，镌刻有唐代罗汉 108 躯，后宋、元、明、清也有补造。

玉屏山东洪雅将军乡拳石村的苟王寨是一处重要的文化遗存。海拔 1 463 米的八面山顶，是一座古代石城，石城环尖峰山顶修建，东西相距 500 米，南北相距 800 米，现存东城门洞及城墙 88 米。城墙高 3.5~4 米。距石城不远的八面山腰，有"苟王寨"遗址。它是差异风化形成的丹霞额状洞，经人工拓宽、加固，形成防御城寨。洞廊上层岩石伸出约 5 米，高 5~15 米，深 1~8 米，总长约 2 000 米，上依悬岩，前临九龙溪深谷，易守难攻，置木梯方可上下，形势险要。它是宋人为避金、蒙之劫掠、杀戮，由驻军白千户带领老百姓修建。其间 800 米地段有摩崖造像 30 龛 94 躯。窟中题刻文字 16 处，最早为南宋建炎三年（1129 年），但主要为明代为悼念被蒙元杀戮的军民而开凿，人称此地为"佛佛岩"。此地造像特殊之处是除去佛、道、儒的神仙圣人外，还刻有 10 座与生活密切相关的泥瓦、木篾、屠宰等匠人的造像，个个栩栩如生。凡人与至高无上的神圣同列，实属罕见，如图 8-5 所示。

洪雅东北为丹棱县，此县位于总岗山东南侧，丹霞地貌分布广，因县城北有赤崖山"高峻、色赤、有棱，状若飞旗"，故名丹棱。丹棱建城已 1 400 多年。丹棱自古是成都西南经"竹箐关"的古丝路的要驿，全县多唐代在丹崖上的摩崖造像，著名的有国家级文物保护单位刘嘴、郑山，省级文物保护单位龙鹄山、佛堂子、鸡公山。刘嘴位于丹棱中隆涂山，造像 62 龛 2 000 多尊，是丹棱造像最密集的地方，有立佛、坐佛、观音、净土变等龛窟，造型优美，题材多样。与刘嘴一溪之隔的郑山，造像密布在品字形的三座丹霞巨石上，有 61 龛 1 000 余躯造像，是丹棱最大的石窟造像

图 8-5 洪雅苟王寨石窟长廊

群。龙鹄山位于唐河乡龙鹄村，山腰丹崖有唐代开元年间女道士成无为主持摩崖石刻 78 龛 780 躯造像，以道教为主，也有儒、释。此处还有唐天宝九年（750 年）刻的"松柏之铭"，记录成无为生平，碑额为秦篆，碑文为唐八分体隶书，行笔刚柔兼备，浑厚遒劲。佛堂子位于中隆梅湾，造像分布在梯形排列的三个丹霞巨石上，共 23 龛 192 躯，造像以释迦牟尼为主题，进行圆雕和深浮雕。鸡公山摩崖造像位于张场金峡村，造像刻在一巨大丹霞岩块上，龛高 2.15 米，宽 2.1 米，深 1.37 米，是一幅完整的净土变相图，造型优美，石刻精湛。

丹棱西面总岗山上有海拔 1 142 米的老峨山丹霞山地，林木苍翠，景区有树抱石、回音壁、舍身崖（可观云海、佛光）等景点。

丹棱北面的总岗山北麓是蒲江，也是遗存有唐代在丹崖上摩崖造像众多的地方。唐代的蒲江是四川井盐主要产区之一，其规模仅次于仁寿的陵井监。随着盐业经济的发展，在盐井附近和盐的主要运销通道，人们在艳丽的丹崖峭壁镌刻上大量的佛龛佛像。在通往天竺、吐蕃的盐茶丝绸古道要冲的今朝阳湖镇的二郎滩有飞仙阁摩崖造像，它长约 200 米，共 92 龛，造像 777 尊，其中有唐代开凿的弥勒、华严三圣、观音、天龙八部等 64 龛，491 尊，其余为五代与清开凿，属国家级文物保护单位（见图 8-6）。

图 8-6　蒲江飞仙阁摩崖石窟

蒲江县古盐井旁大多有古代摩崖造像。蒲江东寿安镇的大盐井南面的鸡公树山，是通往眉山必经之处，半山古道旁石崖上，有隋代摩崖造像 2 龛 34 尊。鸡公树山山顶有唐代造像 18 龛 175 尊。这里是当时盐官、盐商、盐工祈福之所。蒲江东的百家井南面的主薄治山有唐代释道摩崖造像 18 龛 47 尊。

蒲江东盐井沟的茅池井南古佛山西麓的龙拖湾，有南北朝至唐、宋造像 10 龛 80 尊，是国家级文物保护单位。佛儿湾在蒲江县城南的白云乡，在通往大王井的古道旁，已发现唐代造像龛窟 50 个，230 余尊。大王井是昔日蒲江盐业的中心，在蒲江县城南 18 千米的白云乡。丹崖上，有唐代摩崖造像一龛，龛内造一佛二菩萨二力士像。尖山寺在大王井盐沟东畔山顶上，现存唐、宋、明、清造像 23 龛 159 尊。看灯山位于与名山交界处，是古蒲江盐西运必经之地，昔日商贾云集，现存唐代摩崖造像 19 龛 583 尊。

由上可见古代蒲江盐业盛，摩崖造像亦盛，千年文化积淀，留下了丹崖文化宝贵遗产。这些文化遗存的附近又有朝阳湖、石象湖的湖光山色、园林花圃供人游览。

总岗山东北尾闾的南侧在彭山境，丹霞地貌，景点有香山仙洞。在新津境有宝子山、老君山（道教全真龙门派圣地）。

8.3 峨眉北延多奇景，唐风遗韵数夹江

峨眉山大背斜向北倾覆，尾闾延伸到夹江以北，地质学界称此为"三苏场背斜"。其两翼分布有白垩系砖红色块状长石石英砂岩，构成了四峨山、后峨山、小峨山、大旗山、凤凰顶、尖峰山、大观山等丹霞山峰。它们的丹崖多有摩崖石刻，尤其北段。

游览世界遗产地峨眉山，不可不观赏山麓带的丹霞景观。由报国寺沿风景清幽的瑜伽河丹霞谷地去伏虎寺可以观赏壶穴美景。登山初步，在五显岗有峨眉河在海拔 1 000 米剥夷面上的古河曲，由于地壳抬升，在峨眉五显岗形成了深切飞仙关组紫红色碎屑岩的河曲丹霞长古奇景。这里植物蒙络摇曳，飞泉奔流直下。五显岗下的龙门洞上口的红层层面有典型的波痕、雨痕、虫迹、泥裂、包卷层理等地质遗迹珍品，带人穿越亿年的时光隧道。万年车场对岸的二陡岩丹崖峭壁（其上为古黑水寺），凝望之有使人"相看两不厌"之感。川主一带更有宏伟的丹霞峡谷与"灵秀温泉"（硫化氢药泉），并曾在此地发现过恐龙足迹。

四峨山（见图 8-7）位于峨眉山北普兴，因山形棱瓣如花，古称花山，《水经注》称之为武阳龙尾山。海拔 982 米，陡崖高度 50～120 米，南北绵延 2 000 米。地貌为一单面山。山之巅明代修建有古刹观音庵，寺内有 1928 年石刻弥勒像。寺外有一石柱，高 14 米。丹崖上有高 2 米的观音摩崖石刻（明代）。四峨山下有古寺普贤寺，此地有珍贵的文化遗存摩崖石窟。它开凿于明代，形制与屏山八仙山石窟类似（见图 8-8）。另外，还有古寺磁佛寺，以高 2.47 米的世界第一大的磁佛而著名。

图 8-7 云海上的四峨山

图 8-8　普贤寺丹霞石窟

　　大旗山位于稚川溪畔的华头古镇西侧，海拔 1 000 米，也是一座单面山，丹崖绵延 5 000 米，巍峨壮观，其北端在木城境有庞坡洞丹霞洞穴（见图 8-9）与明代摩崖石窟。相传蜀国名人庞统的叔父——庞德夫妇曾隐居于此；又传为唐代庞蕴夫妇入蜀隐居之处。庞坡洞处于背斜轴部，呈节理发育，洞穴是几处岩石裂隙形成的山洞。主洞的洞口镌刻有"庞坡洞天""庞德仙洞"。洞口有明代石刻罗汉两层，共 53 尊，造像优美（曾被盗 10 个罗汉头，已追回）。庞坡洞顶上方约 500 米，有一天然巨大漏斗，被称为"天心眼"。

图 8-9　庞坡洞丹霞洞穴

夹江因此地处于青衣江北岸大观山与南岸依凤岗之间的峡谷地带，"两岸青山相对出，一江碧水自中流"，两山夹一江，故名"夹江"。宋人诗云此地"两山相抱揖平川"。古秦人移民到此，怀念故乡，取名此地为"泾口"。峡谷北岸大观山白垩系砖红色砂岩崖壁，其上摩崖造像，始于隋，盛于唐，延至明清，镌刻有200多窟，石刻造像共2 400余尊，故此地称"千佛岩"（见图8-10）。造像排列错落有致，造型优美，技艺精湛，姿态各异，绚丽多彩，显示了中国唐代高超的石刻艺术水平，其中千手观音与高大的弥勒佛造像尤为精美。高约3米的弥勒佛与乐山大佛造像形态完全一致，故有人推断此为开凿乐山大佛的小样，先有千佛岩，后有乐山大佛。

图8-10　夹江千佛岩石窟

除摩崖造像外，还有琳琅满目的历代题刻。这里风景如画，依山傍水，被称作"青衣绝佳处"。千佛岩下江流中有一砥柱中流的礁石，江水搏击形成从石孔喷水的奇观，人称"龙脑石"。镌刻全国重点文物保护单位佛像的砂岩下部是砂砾岩，在临近江水面开凿有清朝康熙元年（1662年）始建的东风堰（古名龙头堰），巧用无坝引水，渠水泽福一方，被誉为"禹迹"，是世界灌溉工程遗产地（见图8-11）。此堰在民国时曾施工扩大流量，为保护崖壁佛龛与题刻，舍去用炸药爆破，采用火烧水激的古法开凿崖壁，使得堰水穿岩而过，隧道总长400多米，故此堰又名"穿山堰"。这里建有东风堰博物馆。古泾口是盆地与川西高原、横断山区古交通要道，千佛岩还有古栈、古道的一些遗迹。大观山顶建有国内不多见的造纸博物馆，保存了夹江宣纸的非物质文化遗产。

图 8-11　世界遗产东风堰

千佛岩所在的大观山西麓有金象像寺。此地丹崖有明代摩崖造像，共6龛60余尊造像，面积约400平方米。主要龛窟有千手观音龛、三世佛龛、弥勒佛龛等，反映了明代石刻艺术风格。

千佛岩以北，夹江马村的石缸印有唐代摩崖石刻造像9龛，正中造释迦牟尼坐佛，高6米，宽5米。再北的吴场牛仙山有唐宋摩崖造像254窟2 670余尊（见图8-12）。内有四川唐代石刻中少见的"四圣龛"。此外此地有一尊不知何时何因未完工的大佛，令人遐想联翩。

图 8-12　夹江牛仙山石窟

8.4 三江波撼乐山城，一山凿就弥勒佛

乐山古称嘉州，位于岷江、大渡河、青衣江三江汇合处，四周丹霞丘陵、丹霞陡崖、丹霞洞穴环绕。昔日乐山城从斑竹湾到艄公嘴，沿大渡河岸皆是丹崖朱堤，其余城墙也以红砂石砌就，城内民建多以红砂石为基，红砂石板铺街，那时真可谓一座"丹霞之城"。乐山城始建于北周，历史悠久，也是一座历史文化名城。地质上乐山位于褶断背斜山龙泉山的南端，此山南起乐山沙湾附近，向东北呈带状延伸，经青神、井研、仁寿、金堂，跨越岷江、沱江，抵达中江境，全长约20万米，宽约1万米。背斜轴部为以块状红色砂岩为主的上侏罗统地层，两翼分布厚层块状砖红色白垩系地层，它们形成了大量的丹霞地貌。乐山四周分布厚层、巨厚层块状白垩系夹关组砖红色砂岩，形成了凌云山、乌尤山、马鞍山、龟城山、白岩山、车子山、金灯山等丹霞方山、山峰、陡崖，以及以岷江小三峡为代表的丹霞峡谷。乐山城区有世界遗产地1处，全国重点文物保护单位3处。这里有世界最大的古代石刻佛像乐山大佛，数量最多、最密集的汉代崖墓，规模空间最大的蕴真洞汉代崖墓，拥有最早南传佛像石刻的麻浩崖墓，秦代开凿麻浩形成巨大的人工离堆山的乌尤山，以及体现英雄气节的凌云、龟城、乌尤三座抵抗蒙元杀戮的古城遗址。今天乐山绿心公园是乐山一大旅游名片，而绿心的白岩竹溪公园丹崖绿水，石窟石刻，古人称此"天马云龙，异常秀丽"。白云、清风、朝霞三洞及"羌洞院"有宋、元、清大量古人游览题刻，此地丹霞文化负载深厚，应是绿心公园的最亮景点。1908年陶然士（英）、1014年色伽兰（法）、1936年贝特福（英）、1939年梁思成先后来此考察研究，并著文广为介绍。绿心南侧丹崖之上，有全国唯一的核聚变博物馆。但是乐山丹霞景观最佳点还是在凌云山。宋代邵博称"天下山水之观在蜀，蜀之胜曰嘉州，嘉州之胜曰凌云寺"。苏东坡在诗里也道："生不愿封万户侯，亦不愿识韩荆州。颇愿身为汉嘉守，载酒时作凌云游。"

乐山大佛开凿在凌云山丹霞崖壁之上，是弥勒造像，通高71米，头高14.7米，颈高3米，肩宽24米，从膝盖到脚背28米，脚背宽8.5米，脚面

可围坐一百人以上。弥勒佛临江端坐，面对峨眉，头近山顶，脚踏江波，人称"山是一尊佛，佛是一座山"，为世界现存最高的摩崖石刻（见图8-13）。

图 8-13　凌云山乐山大佛

　　唐朝开元年间，黔僧海通来凌云结茅，见三江夏季惊涛骇浪，直捣崖壁，危害行船，乃发宏愿，凭崖开凿弥勒大佛，欲"夺天险以慈力，易暴浪为安流"。于是海通走遍大江南北化缘，聚集人力物力（凌云山相邻的五通桥盐业在唐代已很兴盛，盐商们的资金贡献也是很大的），于开元元年（713 年）开工，"千锤齐奋，大石雷坠"，终其一生，完成大佛头部。后继章仇（字兼琼）与韦皋，经三代四帝，历时 90 年，于贞元十九年（803 年）整体完工。大佛整体匀称，头部身躯排水布局科学合理。古人称赞乐山大佛是"如自天降，如从地涌，众设备矣，相好具矣"。大佛右侧开凿有九曲栈道，栈道宽 0.6~1.45 米，共 217 级，十分险峻（见图 8-14）。栈道旁有精美的摩崖石窟，一拐处的"经变图"雕刻精细，线条优美，楼台亭阁华美呈现，是研究唐代建筑与石刻艺术的宝贵资料。大佛左侧由于卸荷节理形成了丹霞洞穴"洞天"，穿过洞天在临江丹崖上，新修了 400多米的凌云栈道，游人在此可饱览三江胜景。凌云山丹霞陡崖由白垩系砖红色巨厚层块状长石石英砂岩构成，大斜层理十分发育，砂岩单层厚一般 3~5 米，所夹泥岩、页岩厚不足 10 厘米，临江山崖坡度角为 80~89 度，垂直节理不发育，仅有临江面的卸荷节理，陡崖高 90 米（包括水下部分）。

岩层总体稳定，砂岩易于开凿，这些是开凿大佛难得的有利条件。

　　凌云山丹霞地貌还提供了地质历史时期这里一些有趣的情况。凌云山顶的缓丘，代表了古四川盆地底部夷平面状况；巨厚的红砂岩，表示这里白垩纪时曾有过干热沙漠气候；海师洞前的斜层理，指示出昔日的水流在地面时东时西，摆动不定；山门处的蜂窝状洞穴，指示这里有过咸湖，含硫酸盐较多的红砂岩风化出无数小孔洞。凌云山现代新开凿有"东方佛都"石窟，汇集东亚各地佛教造像，其药师佛石窟部分，造像艺术价值较高。凌云山乐山大佛是世界文化遗产，国家级风景名胜区、重点文物保护单位和 AAAAA 级景区。

图 8-14　唐开凿的凌云古栈道

　　凌云山下有全国重点文物保护单位"麻浩崖墓"及其博物馆。麻浩是秦人为削弱三江水势挖掘的人工河道，使与凌云山相对的乌尤山成为人工离堆山。山体丹崖上古人曾镌刻有巨大的"砥柱中流"四个大字。诗人赞美这里"绿影一堆漂不去，推船三面看乌尤"（见图 8-15）。

图8-15 人工离堆山乌尤山

乐山市区北境有岷江三峡，由犁头、背峨、平羌三峡构成，峡谷迁曲回环，原是盆地古平原上的河流蛇曲，后为龙泉山褶皱抬升地壳形成的深切河曲。峡谷中丹崖时有出现，是李白所说月光"影入平羌江水流"的地方，传说岷江小三峡山顶有李白读书台。北端犁头峡右岸丹崖，有一处石刻大佛初坯，仅完成头部粗坯，不知何因半途而废。岷江小三峡南段石鸭滩有一处白垩系红砂岩经江流侵蚀形成的石龙过江景观，多象形石与壶穴。景点长约1 000米，宽500米。

乐山北的夹江南境青衣江畔有九盘山风景区，山麓有丹霞石柱丈人峰，景观特殊。相邻处甘江有汉阙"杨公阙"，也是历史文物珍品。

8.5 青神三峰如笋立，牛角一佛傍坛神

岷江是古南方丝路的要道，它的繁荣是促成乐山大佛开凿的一大因素，也带来了岷江小三峡北口青神中岩宗教文化的兴盛。中岩实际包括上岩、中岩和下岩三种，人们统称为中岩。它始建于唐代，宋明又大规模扩大。寺庙建筑沿龙泉山背斜西翼白垩系夹关组被侵蚀成的一条丹霞峡谷一侧延伸，景区有鼎立的三座高大的丹霞石柱、丹霞巷谷，风化、侵蚀形成的丹霞洞穴、板状红砂岩突出的"仙人床"。丹崖赤壁上更有大量的摩崖

石窟、石刻题记（见图8-16）。古代这里一度为文人墨客游览之地。苏东坡青少年时多次到此游览，有"东坡读书楼"遗址，在此他受教于王方。山道旁的唤鱼池是苏东坡与王方之女订结姻缘之地。景区摩崖造像48龛2 492尊，题记刻石119则。人们誉此地为"西川园林最佳处"。

图8-16　青神中岩石窟

　　与中岩隔江相望的瑞峰有汉代崖墓200多座，文物丰富，其龟兔形陶制摇钱树底座造型特异。中岩相邻的德云寺亦有珍贵的丹霞摩崖石刻。

　　溯岷江而上，可至历史文化名镇江口，这里是古丝路要津，兵家必争之地，是蜀王开明败灭于秦之地，也是张献忠败亡之地。附近丹崖上的汉代江口崖墓数量众多，仅次于乐山。它绵延于长1.9万米、宽2 000米的地带内丹崖上，有墓4 580多座。崖墓形制有特殊之处：有别处少见的船形墓、砖石结合墓、天井墓等，并有砖椁石棺、砖椁陶棺的出现。雕刻技法以平面浅浮雕为主，也有弧面浅浮雕。它们是研究汉代建筑、经济、文化、宗教、民俗等的重要实物资料。从1908年起就有中外科学家到此考察研究。镇江口现已成立博物馆，列为全国重点文物保护单位。

　　江口镇的彭祖山也称"彭亡山"或"仙女山"，因传说长寿的彭祖与其女儿在此生息而著名，被称为"中华养生文化第一山"。山上丹崖老鹰岩多摩崖石刻，其中突出的是现代复原的唐代石刻，高浮雕的齐山双佛：

高 30 米的释迦牟尼立像和高 29 米的多宝如来坐像。

　　江口镇北的江渎乡的象耳山有李白读书台，台下有磨针溪，溪岸有李白题刻。传说李白见老妇在此磨铁杵，欲使之成针，而深受启发，发奋读书。象耳山的丹崖象耳岩有 16 幅宋人题刻及多窟摩崖造像。

　　龙泉山以西，岷江沿线的丹霞地貌开发利用始于秦汉，同样龙泉山以东的仁寿的丹霞地貌也于秦汉之时开始为人类利用。只是这里的开发不是由于水路交通的发展，而是盐业的兴起。仁寿城北由东汉张道陵发现并开凿盐井，称为"陵井"，仁寿也就称为陵州。随后在仁寿北部的高家，开出了"中坝井"，井研南也有盐井开发。于是龙泉山东侧盐业经济兴盛，这一带构成盐茶古道，人们为寄托信仰、愿望，从唐代兴起，经宋，延续到明清，在龙泉山背斜轴部上侏罗统紫红色块状砂岩和下垩纪砖红色块状砂岩的崖壁上进行了大量的摩崖石刻。其中最突出的是临近中坝井的牛角寨（见图 8-17），此地海拔 760 米，山峦起伏，张献忠曾在此盘踞。摩崖石刻中主体牛角寨大佛坐西向东，双手合十，高 15.85 米，比例匀称，神态安详，为唐代作品，是现世所存唯一的古大佛胸像。大佛左侧及半山的坛神岩共有 101 龛 1 519 尊造像，其中 28 号龛千佛龛造像 285 尊，1 号龛维摩诘经变图造像 70 余壁，40 号龛是三清窟，44 号龛是道教真人窟，还有儒释道三教同龛窟。这些都是唐代作品，精丽多姿，是研究唐代宗教、艺术的重要资料。

图 8-17　仁寿牛角寨摩崖石窟

此外，仁寿北文宫有两岔河摩崖造像，石窟分布在长9.8米、高3.7米、宽8米的紫红色丹霞巨石上，共35龛242尊，其中道教造像2龛12尊。还有特殊的供养人造像，属于盛唐作品。仁寿东南的中农能仁寺上侏罗统摩崖造像为唐宋作品，现存28龛270余尊，还有特殊的奉僧像3龛，第15号龛最为精彩，有"迎佛还国""佛涅槃""八国分舍利"等佛教故事。仁寿西虞丞有宋明清开凿的冒水村摩崖造像，共6龛22尊及题记。主龛"释尊讲法图"与弟子作应对状，颇为生动（见图8-18）。黑龙滩水库是一座在丹霞峡谷蓄水形成的人工湖，其北端的杨柳有宋代石龙石刻及摩崖造像10龛50尊、碑5通。最奇特的是，石刻墨竹与题刻须泼水方可见，苏东坡称其为"鬼神出没"之技。

图8-18 仁寿冒水村摩崖石刻（释尊讲法图）

8.6 石城、云顶一古堡，峡谷、石龙两新景

云顶山位于龙泉山中段。这里沱江切穿龙泉山形成金堂、月亮、石灰三峡，峡谷迂曲，共长1万米，名叫沱江小三峡，现已蓄水成"九龙长湖"（见图8-19）。云顶山即在其西岸，是一处丹霞山地。山顶海拔982米，相对高差500余米，丹霞陡崖高10~15米，长200余米。云顶山山势

挺拔，峭壁入云，如刀削斧砍，环绕数里；上有平地数十亩，状若城垣，故古称"石城山"，又名紫云山，唐天宝初改名云顶山，沿用至今。云顶山为宋末八大山城防御体系之一，是著名的抗元城堡遗址。山上有"云顶日出""雾山云海""云顶晴岚"等胜景。山顶庙宇始建于蜀，据说刘禅曾在此读书。大云顶寺建于南北朝，当时名为清修寺，清康熙时重修。山上有唐代摩崖石刻造像。云顶山自古为兵家必争之地。南宋淳祐三年（1243年）在此筑云顶石城，宋元战争中，先后迁置成都府路、川府路、安军等地，置"利戍司"重军防守，历经多次战斗，坚守15年，终因城内食尽而失陷。现存城门8座及瓮城、一字墙、炮台、军营、天池、水井、岗亭、水军码头等军事等遗址。古城中"慈云寺"始于齐梁，规模巨大，历唐、宋、元、明、清都有佳名，为佛教一大禅林。大雄宝殿还有于右任、张大千书写的匾额。清代四川提督马维琪激情挥毫的"云发天表""云顶山"巨幅摩崖石刻至今尚存。历史上的著名文人苏东坡、黄庭坚、陆游等畅游云顶山时都留下了珍贵的诗文 。

图8-19 从云顶山眺望沱江小三峡

金堂南的龙泉驿、简阳，白垩系和上侏罗统红色碎屑岩分布广，又是历史上成都通川中、川东的"汉唐巴蜀古驿道"要道，丹崖峭壁留有摩崖石刻颇多。简阳奎星阁摩崖石刻造像刻于沱江边上一块长约15米、高约10米的红砂石崖壁之上，真实反映了北宋初期民间宗教信仰状况和儒、释、道融合的思想，有34龛106尊题记（见图8-20）。朝阳寺石窟位于简阳董家埝深洞村，地处三岔湖附近，现存摩崖造像 16 龛，以唐代造像为主。简阳青龙镇赖坝寺，有摩崖造像 10 窟 134 尊，皆唐代石刻，多为高浮雕。造像开凿在距地面 0.6 米、长 66 米、宽 10 米的红砂岩壁上。简阳丹景山摩崖石刻位于龙泉山中三岔湖畔，长 15 米，宽 6 米，现存造像 3 龛 4 尊。另有未完工的石刻巨大头像一个。简阳文家沟摩崖造像位于简阳市丹景乡平安村，开凿于唐代，共 19 龛，造像 54 尊。简阳老龙乡瓦房沟唐代摩崖石刻，全长约 70 米，高约 10 米，有数十个龛位。此崖原刻有大小佛像数百尊。可见简阳丹崖摩崖石刻不少，可惜多数在"文化大革命"中受到严重破坏。

图 8-20　简阳奎星阁宋代摩崖石刻

龙泉驿的天落石（长 14 米、高 8 米、宽 4.4 米）摩崖石刻，有珍贵的北周文王碑与自唐以来的题刻、诗碑及摩崖儒、释、道造像 50 余龛 160 多尊。这里是全国重点文物保护单位。

龙泉山东麓下白垩纪丹霞丘陵区多崖墓。中江民主响滩河北岸有塔梁子崖墓群，这批崖墓以多室墓为主。在崖墓中首次发现有壁画和墨书榜题，并发现一批仿木建筑形式的雕刻和珍贵的画像雕刻新题材，大大丰富了崖墓的考古资料，时代属东汉中晚期，是全国重点文物保护单位。与中江相邻的三台有颇负盛名的郪江汉代崖墓群（分布在金钟山、泉水坝、紫荆湾），此地崖墓密集，是四川三大崖墓群（乐山、江口和郪江）之一，已经发现的崖墓有 1 638 座，其中多室墓 790 座，有建筑和绘画形象的 334

座。这些墓建于汉晋时期，以东汉墓最具特色。很多墓有圆雕、浮雕、线刻等建筑装饰雕刻和画像装饰雕刻，还有一些墓内有红色涂料彩绘。浮雕画像的内容包括如舞蹈状而奋力撑顶岩石的力士、腾空的舞蹈人、托腮端坐人、推门探望人、执板说唱人、舂米人、人头面具像、狗咬耗子、猴子吃桃、白虎、朱雀、玄武、羊头、跑鹿、奔马、立羊、爬龟等。阴线刻画像有飞鹤、凫鸭、风阙、花草、武器等。郪江汉代崖墓群文化内涵十分丰富，是全国重点文物保护单位。

中江与三台，近年丹霞地貌有大的发现。中江西部龙泉山中的古店，新发现有上侏罗统紫红色钙质砂岩与薄层泥岩互层的地层形成的石林。该处由于位于龙门山背斜轴部，而且受龙泉山断裂逆断层的影响，断层上盘抬升，使得上侏罗统地层局部出露，而且节理发育，溶蚀成高3~10米的石芽。原来这里老百姓叫它"石林堆"，经清除杂树、杂草，挖去埋藏于石芽间的泥土，以紫红色调为主的色彩斑斓、条纹奇幻，类似羚羊谷与雨岔的"石林谷"丹霞景观呈现出来。石林谷全长约2千米，谷内有河流有泉水，天然石林景观布局紧凑。这里有"一线天"奇景，大大小小的岩石间有一处最长的裂缝，最窄处0.5米，最宽处3米，抬头一看只见蓝天一线。穿过"一线天"，便进入了河谷地带。河谷宽约300米，两边石壁高耸，这里是一些户外攀岩爱好者的胜地。中江石林谷虽然外貌与羚羊谷、雨岔类似，但其岩性、成因与它们完全不同，有其特殊之处（见图8-21）。

三台被涪江纵贯全境，芦溪位于龙泉山北端东北、涪江西岸。这里地质构造属于宽缓的梓潼向斜，地层产状平缓，所出露的下白垩统淡红到紫红的硬度较高的砂岩，在涪江河床展布，经由河水长年的侵蚀，出现了大量壶穴、垄岗、石槽等地貌。在枯水季节，尤其是在涪江上游水库下闸蓄水后，这里的"石雕群"大片出露，形成宏大的"石龙过江"景观。它们有的如田田荷叶，有的又如乌龟、如青蛙、似银蛇、似江鲤……状态万千，不一而足。这一河床巨幅"浮雕石版画"开始成为一项重要的旅游资源。与之类似的还有涪江上游的江油、下游的大英，也有红层形成的"石龙过江"景观。

图8-21　中江石林谷丹霞奇景

9 古代巴湖西部丹霞地貌区

白垩纪时期的古巴湖位于四川盆地南部，白垩系红层形成了四川盆地南部密集的丹霞地貌，其西部（泸州以西）是一个从犍为经沐川、宜宾到泸州的弯月形丹霞地貌分布区。巴蜀一带，历史悠久的丹山碧水在这里，最为高大的丹崖赤壁（中都河流域）在这里，翠竹如海的大型丹霞方山（沐川竹海和蜀南竹海）也在这里。这里有规模宏大的丹霞崖墓和古堡、古寨。

9.1 萧洞飞虹洒碎玉，十丈空处武侯通

沐川竹海也叫川西竹海，位于沐川县东南方的永福镇，平均海拔 450 米，是一座 50 余平方千米的丹霞方山。由于地壳抬升，箭板河的古河曲深切红层形成轭状河曲，古人称此地为"穿牛鼻"。景区翠竹（慈竹为主）10 万余亩，微风吹拂，绿波荡漾，逶迤成浪，一望无涯，故得竹海之名（见图 9-1）。景区最有名的景点是"萧洞飞虹"，之前这里被老百姓称为"流水湾"，因为山湾有一瀑布；还被称为"硝洞"，因为崖壁下产硝，而今取名"萧洞飞虹"（见图 9-2）。实际上这里是瀑布不断侵蚀后退形成的环状地貌，被当地人称为"锅圈岩"，丹霞地貌学者称为"红圈子"地貌。这里的瀑布落差近百米，崖壁下额状洞发育，且规模不小，长 40 米、高 25 米、深 6~8 米。沐川竹海丹崖的额状洞较多，除此地外还有沐川竹海最大的额状洞"大岩洞"，它长 50 米、高 30 米、宽 8~10 米，以及杨春山洞、黄果岩等。值得重视的是，"萧洞飞虹"额状洞后壁岩石上可以看到

图 9-1　沐川竹海

图 9-2　沐川竹海之"萧洞飞虹"

白垩系地层巨大的斜层理，其细层倾角达到40度以上，显然这里是风沙沉积形成的砂岩；此外，还有沙漠中沉积的蒸发岩保留下来的肠状构造，以及岩层中小断裂的形迹。这些都很有科学观察、研究的价值。在额状洞前仰望空中飞流而下的瀑布，气势恢宏，飘飘洒洒如飞珠溅玉，洒满一潭，有时透过水雾可以看到七彩"飞虹"。沐川竹海翠竹满山，丹崖掩映，人称此地"碧海丹霞"，确也如此。景区内，登"观海楼"，可以纵情观览无边竹海；下"永兴湖"，可以悠闲泛舟林下碧波。景区的银子岩是一处丹崖断岩，从此处可饱览远近群山、田畴沃野，断崖半壁还有古人崖居旧址。景区内还有一些造型石景观资源有待发掘，如从公路眺望，可见山脊的"犀牛望月"景观。

沐川县北部相邻的犍为县，有众多丹霞景点沿岷江两岸分布。其突出者有城南的子云山，亦名"紫云山"。自古"云亭晓烟"为犍为独特一景。子云山为丹霞方山，四周丹崖环绕，汉朝辞赋家扬雄（字子云）曾结庐于此。古人所云"南阳诸葛庐，西蜀子云亭"中的子云亭，就是指这里。北宋名儒邵伯温也曾寓居子云山，其子邵博亦曾来此。南宋末年，蒙元进攻南宋，这里曾是南宋沿岷江一线重要的堡垒要塞，名叫"紫云城"，南宋固守此地达 28 年之久。犍为东部大兴有一丹霞地貌突出景点云峰寺，也叫云峰山。其地层倾角仅 2 度，形成丹霞桌状山，海拔 660 米，四周丹崖环绕，其中红岩湾丹崖绝壁高 100 米以上。由于其山顶地面广阔，四围险绝，易守难攻，为避战乱、匪患，当地居民和外来难民共同据险筑寨，并取名"万全寨"，又名"云峰寨"。现保存有一些寨门、寨墙遗址，供人凭吊。云峰山山腰有丹霞石柱、石堡，其中石柱由两组垂直节理控制呈四方柱体，上有一层突出，宛如一个倒置的巨印，人称"翻天印"。

沐川县西南紧邻马边彝族自治县，这里是白垩系古巴湖红层分布的最西端。马边北部丹霞地貌有下溪的侧耳岩（清代古栈道与摩崖造像）、汉代崖墓与摩崖题刻、石梁的单面山大佛岩（丹崖）和摩崖石窟。大佛岩，亦名宝华山，又名香花岩，山崖雄奇伟岸，丹崖绵延 6 000 米，崖高 40～120 米，佛像为接引佛，高 6.4 米的立像，位于半崖，下临深渊，难以到达。要去佛像需经山顶的"观音岩""手扒岩""神仙洞"，再沿崖壁蛇行70 米，绕六道弯方可下到佛像前。佛像虽然有 6.4 米之高，但在巨大的崖壁上，远观起来，还是显得渺小（见图 9-3）。

图 9-3　马边石梁大佛岩

　　马边东南的中都河流域，白垩系红层沉积达 400 米以上，而此流域的山地比中都河入金沙江的河口侵蚀基准面高出近千米，流水的侵蚀特别强烈，在中都河干流及其支流野猫溪两岸，特别是河流拐弯处的凹岸，常形成巨大的丹崖赤壁。例如，马边与屏山交界处的野猫溪左岸就有高达 400 米的"大红岩"（巴蜀区域最高大的丹霞崖壁）（见图 9-4）。这里山高谷深，军事上易守难攻。传说，诸葛亮南征时，在这里遇到孟获的顽强抵抗，打了十仗才扫除障碍通过这里。因此，大红岩西面的峡谷，被称为"十丈空"，也称为"石丈空"。今天这里还留有古栈道和一些摩崖题刻。

图 9-4　马边的大红岩

《四川通志》和《诸葛亮集》都对此有所记载。人们传说，孔明指挥的队伍到这里，遇南人据险把守，每次进攻时，南人滚木垒石齐下，蜀兵不能前进一步。后来蜀兵改用羊群打先锋，每只羊的头上挂只灯笼，尾上拴一串鞭炮，待深更半夜时，先给羊点亮灯笼，然后再分批点燃鞭炮。蜀兵以此计大获全胜，打通了十丈空。现在石壁上还留有明代汪京题刻的"凿开天险"四个大字，此外明朝万历年间陈禹谟在岩壁上题刻下五言古诗《石丈篇》，它们让这处天险的神秘之感更为浓郁。十丈空西面不远是苏坝古镇，遗留有明清建筑。由于中都河流域丹霞地貌突出，河流拐弯处的环状丹崖赤壁宏伟高大，现已被批为"国家地质公园"。马边与沐川间有一座曲尺形的山脉——五指山，其在背斜山脊上下三叠统紫红色砂岩出露，形成了风岩、仙人洞等数处丹霞地貌，这种较老地层的丹霞地貌值得丹霞地貌爱好者关注。

9.2 八仙山石窟古佛，岷江畔"丹山碧水"

屏山县龙华古镇龙溪河北岸的丹霞山峰八仙山，山顶有八个山峰，如八位仙人，故名"八仙山"，海拔891米，地层为白垩系红色砂岩，地层倾角10度。在其山腰海拔780米处摩崖石刻了一尊站立的接引佛，通高37米（1998年屏山县编写的《金沙江上的明珠屏山》数据），胸宽11米。《中国大百科全书》将它列入世界十大佛像之一，而在巴米扬两尊立佛被毁后，它就是世界第一高的立佛了。此佛像足部未刻出，如果刻出会增高10米。八仙山大佛头盘螺髻，身着袈裟，端庄肃穆，左手当胸，右手下垂，手心向外，为深浮雕接引立佛像（见图9-5）。此佛像在"文化大革命"中被毁，修复的造像艺术性不及原像。与大佛相对的是石窟丹霞洞，该石窟分为三个开间，雕琢华美。据丹霞洞三清殿石阙额上题记，此殿是清道光二十一年（1841年）创建的。石刻楹联显示大佛造像早于丹霞洞，故人们推断大佛开凿于明清是可靠的（见图9-6）。因为山下的龙华古镇在宋代始建，成为边区驻军重地，明代起已很繁荣，有经济条件开凿大佛。八仙山风景秀美，正如山门横额所写——"天然胜景"，对联所写——"一座名山双溪睡，四岿（古时字）烟雨半天云"。

图9-5　八仙山接引佛石刻

图9-6　八仙山丹霞石窟

　　八仙山下的龙华古镇，由龙溪河三面环绕，街道长500米，历来是军事要地，清咸丰元年（1851年）曾设平安营，并修筑城墙、炮台、衙署。都司衙门前的雄美石狮现移至凉桥桥头供人欣赏，现在尚有城门、城墙、横跨龙溪河的古安澜靖虹桥，以及大量清代民居遗存，是名副其实的古镇。八仙山一带丹霞地貌密集，邻近的除沐川竹海外，还有打鱼村的丹崖绝壁、底堡的丹崖"挂榜岩"与包家岩的丹霞方山、箭板的丹霞壶穴等景点。

在八仙山以东，岷江自西北向东南流淌，穿越白垩系红层，流水的下蚀与侧蚀，形成了岷江两岸连续不断的丹霞陡崖。其中，最宏伟的便是宜宾思坡"丹山碧水"的丹崖峭壁。其最高处高120米，绵延5 000米（见图9-7），巨大的红色山岩不单临江而起，而且山岩四周均是深沟，仅临江的一面有一条山路盘曲而上。整座山岩浑然一体，故有人认为它是少有的一块独立岩石。

图9-7　宜宾思坡"丹山碧水"丹崖

其岩顶上旧时为古寨，沿江岩壁的半空中鑿有栈道，是旧时的纤夫小径，留有纤绳千年摩擦岩石切入的深痕。北宋嘉祐年间，苏轼顺江而下，夜宿牛口庄。苏翁在此感慨万千，提笔挥毫，写下"丹山碧水"四个字。时至今日，他的墨宝还一直镌刻在与翠花村一江之隔的丹山岩下。此外，历代游经此地的文人墨客颇多，有北宋时期的黄庭坚，南宋诗人范成大、陆游。明代的徐霞客也曾沿岷江而上，乘舟经过丹山碧水。他在给友人的信中盛赞此地："丹山碧水之景，实为壮哉！""丹山碧水"又名"千佛岩"，主要造像分布在离地1.5~6米、长约60米的岩壁上，共13龛、69躯（其他造像和画像成百上千）。其中唐宋造像10龛，明代造像1龛，其余2龛为清代造像。第2龛造像23尊，而且有一座显示西方极乐世界规模宏大殿阁的浮雕，雕刻精细，华美生动，保存了唐代艺术风范（见图9-8）。"丹山碧水"文化积淀深厚，其所在的小镇思坡，即因苏门三父子曾来此留住、唱和，古人怀念苏东坡，便将此地注入岷江的一溪取名为"思坡溪"，小镇也就叫"思坡"了。

图9-8　"丹山碧水"摩崖石窟千佛岩

从丹山碧水溯流而上，可到高场的黄伞。这里因丹崖上有一巨大的半突出于崖壁的石蘑菇（与一般石蘑菇不同，它只是一株好似深浮雕的石蘑菇，并未脱离崖壁），被人们称为"黄伞"，此种地貌的地名在蜀南竹海也有。黄伞以规模宏大的崖墓群而著名。这里有汉代丹霞崖墓188窟，均分布在12万平方米的土地上。崖墓大都由墓道、墓门、墓室及壁龛等组成，极大型的崖墓还有享堂，呈前堂后室布局，门前凿立双阙是其特点。墓室分为单室、双室或多室。但崖墓不论大小、单室或多室，其门额或室壁之上一般都有浮雕柱头、斗拱、屋檐之类的仿木建筑，并石刻龙虎等图像，内容丰富。崖墓葬具多为石棺，少数为陶棺，亦有石棺、瓦棺并用者。这对研究古代崖墓葬和汉代社会文化及生活习俗等具有十分重要的意义，此处已被列为全国重点文物保护单位（见图9-9）。

图 9-9　宜宾高场黄伞崖墓

　　金沙江与岷江汇合处为宜宾城区的大佛沱，在岷江右岸有一处白垩系丹霞崖壁，摩崖石刻有唐宋佛像。其中唐代石刻大佛头像高 5.4 米，如此巨大完整的佛头，全国少见。

9.3　蜀南竹海飞七彩，石城森林矗丹崖

　　蜀南竹海位于宜宾市东南长宁与江安交界处，古名万岭箐（因黄庭坚题字"万岭箐"于此地黄伞石上而得名），亦名长宁竹海，海拔 600 ~ 1 000 米，为白垩系砂岩（地层倾角 5 度，单层厚度 8~10 米）构成的丹霞桌状山。其四周绝壁环绕，不少地段相对高度 200 米以上。蜀南竹海之美，在于崖险、谷幽、林翠、瀑壮。

　　蜀南竹海桌状山的南部陡崖，半山额状洞发育，洞窟凌空，险峻异常。从山顶往南行经过野漆湾，可闻地下河哗哗的流水声，但闻声不见水，颇为奇特；再前行到达海拔 735 米处，出现一大型额状洞，人们称此地为"猴儿洞"，也称"挂榜岩"，红砂岩单层厚度 8~10 米，洞深可达 12 米，有寨门遗存，并有明代题刻，无疑是一处古寨遗存。在同一水平线上还有"水帘洞"，它长 60 米，深 11.5 米，从内到外高 1.5~5 米，因有一瀑布从洞上倾泻而下，故得此名。在基本同一高度最大的额状洞是仙遇

洞，它位于长宁、江安两县交界的擦耳岩上，丹崖如削，洞长约 200 米，进深 10 米，高约 15 米。其洞内存有石刻佛像和道教神像四十多尊，道路回环，飞瀑悬挂，洞前时而云雾缥缈，时而远山沃野一览无遗（见图 9-10）。从仙遇洞东行是江安县的又一额状洞——"天宝寨"。天宝寨相传建于 1862 年（清代咸丰年间），是地方官府为防御石达开太平军入川而建。其地形险要，蜿蜒曲折，长 1 500 米，最宽处 10 米左右，筑有 13 道寨门，易守难攻。古寨道旁有巨大的蘑菇石，高 10 多米，附于绝壁，名叫"黄伞石"。崖壁上沿廊道镌刻有三十六件浮雕画幅，颇有意义。从天宝寨上山，途中林壑深幽，有一景点名叫"隐秀壑"，是一处双层额状洞，较为特殊。

图 9-10　蜀南竹海仙遇洞

　　蜀南竹海山顶的古剥夷面上缓丘起伏，被以楠竹为主（此外还有水竹、斑竹、苦竹、慈竹、紫竹、罗汉竹、人面竹、鸳鸯竹等）的 58 种翠竹覆盖，面积达 7 万余亩，真是翠竹的海洋，竹波无际！林下还栖息有竹鼠、竹蛙、箐鸡、琴蛙、竹叶青等野生动物。林中除产竹笋外，还有多种食用真菌，如竹荪、猴头菇、灵芝、鸡枞等。据统计，竹海所产的中草药不下 200 种，生物多样性显著。要欣赏翠竹林景当数"翡翠长廊"，游人漫步长廊，进入竹的隧道，有如融入绿色世界，清新的竹叶清香，沁人心脾。登海拔 880 米的观海楼，更可把无边竹海尽收眼底，满眼除去绿还是绿。如遇山风涌动，万顷碧波，浩荡澎湃，壮丽无比；或若细雨霏霏，雾霾沉沉，远山近丘，缥缥缈缈，则宛若登临仙境。参观竹海博物馆，更可领略竹家族的繁盛与奥秘。

　　蜀南竹海的幽在谷在溪。忘忧谷曲径通幽，门联有云："万竿翠竹扫去滚滚红尘,一溪清流奏出淳淳韵音"。谷端一瀑飞流直下,穿林凿石,造就"五叠瀑""珍珠瀑",奇幻的壶穴、小巧的"天生桥",清流时而入地,时而出涌,潺潺淙淙,如此天籁清境,令人忘忧。就溪流而言,最幽者应属墨溪。墨溪源头为高五六十米的瀑布,飘飘洒洒坠落崖下,形成一条小溪,沿墨溪峡谷奔流而下,形成众多瀑布、碧潭、壶穴,溪流两岸生长着蜀南竹海最古老、最密集的楠竹,丹崖峭立,林荫光暗,故名"墨溪",实则竹海最幽之处。

蜀南竹海瀑布众多,唯雄伟壮观者,当属七彩瀑布。此瀑位于竹海东部。

第一级,从回龙桥下飞泻而来,宽5米,落差30米。

第二级,宽3米,落差15米。

第三级,宽4米,高50米,飞流直下,晴天正午,日光下澈,可见彩虹生于潭底。

第四级,宽5米,高74米,处于谷口末端,下为悬崖峭壁,轰鸣之声如雷,名叫"飞声瀑"。

如此宏伟壮观的瀑布(见图9-11),在四川盆地较为少见。瀑布上游,有石龙过江、孟获坟、古校场等景点。

图9-11 蜀南竹海七彩飞瀑

蜀南竹海东面纳溪南的天仙洞,丹霞地貌景观丰富。它位于永宁河畔,因传说九天玄女曾在此修行仙寓而得名。天仙洞区域为巨厚层的下白垩统红色砂岩分布区,垂直节理发育。其北部为丹霞方山,有高达百米的丹崖、石堡、石柱、额状洞(大洞内建有古寺,数个小洞曾为民国时期军械库)、红圈子地貌、瀑布、古栈道等。此处森林覆盖率达90%，丹霞石壁珍奇斗艳，碧林翠竹阴郁婆娑，被誉为"人间仙境"(见图9-12、图9-13)。其南部为夜郎谷，长5万米，丹崖、瀑布、洞穴众多，主要瀑布有高49米的夌口岩瀑布和多奇石的黄桷树瀑布。此外，此地还有古镇乐道场和有特殊意义的"抗战小学"。天仙洞之南的护国镇有著名的护国岩。民国四年(1915年)袁世凯称帝，滇军将领蔡锷领军讨袁，与袁军血战于纳溪弥月。事后，蔡锷为纪念此役，于永宁河西岸丹崖上手书勒石"护国岩"三个一米见方大字与386字铭文。

图9-12　纳溪天仙洞丹霞方山

图9-13　纳溪天仙洞大型额状洞内有古寺

蜀南竹海西面，即宜宾县南部横江的石城山又是一处丹霞方山景区（见图 9-14），其海拔 1 110 米，四周丹崖环绕，崖高 130 米。石城山山顶平旷，山顶到山麓落差 250 米以上，地势易守难攻，因地处川滇交通要道，历来为兵家必争之地。

图 9-14　宜宾石城山丹霞方山远眺

历史上张献忠率军入川时，其将冯双礼围攻石城山，夜间用"火羊阵"攻克寨门而入，杀死明朝官兵二万余人，史载"血流有声"。后清同治元年（1862 年），太平军石达开率 10 万大军受清军阻击，据守石城山，在峭壁间修筑三千米栈道，置东、西、南、北四道寨门把守，交战两月，互有伤亡。后因太平军将领郭集益、冯百年投敌，均举火焚寨，加之清军由小路破卡而入，太平军腹背受敌、内外遭夹，被迫退到山下转入云南。石城山崖墓群是全国重点文物保护单位，它由叙州区石城山周围的北斗岩宋代崖墓群、天堂沟宋代崖墓群、三十六臂山宋明崖墓群、雷打石明代崖墓群和黑石头明代崖墓群五部分组成，共 177 穴丹霞崖墓。该墓群葬式独特，雕刻精细，石刻图像丰富，生动地反映了古代生活在这里的少数民族的生产和生活习俗，是研究民族史不可多得的实物资料，具有较高的文化历史价值。石城山植物有 87 科、327 种，珍稀树种有楠木、香樟、红豆、锥栗等，竹类有捕竹、水竹、苦竹、画眉竹、慈竹等 10 多种，还有天麻、金银花、柴胡、无冬、麦冬等 40 余种中药材。此外，石城山有猴、刺猬、松鼠、锦鸡、竹鸡、黄鹭等野生动物 20 余种。登上万松楼，极目远望，

4 100 余亩林海，尽收眼底，这里是省级森林公园。石城山以丹崖（见图 9-15）、古寨、古栈、森林、瀑布、湖泊、水帘洞等景观引人入胜，夏季凉爽，是避暑的好去处。

图 9-15　宜宾石城山丹崖矗立

10　古代巴湖南部贵州高原北缘丹霞地貌区

白垩纪古巴湖南部的现贵州高原北缘地带，在白垩纪时期是一个东西延伸的盆地，因距离古龙门山较远，缺少地形抬升气流，降水量极少，气候炎热干旱，沙漠风积与阵性洪积，造成了白垩系大量厚层块状红色砂岩。后期的贵州高原升起，第四纪时位于四川盆地的侵蚀基准面下降，流水侵蚀加剧，形成了这一带山高谷深、赤壁林立、瀑布奔流、森林茂密、特殊丹霞地貌比比皆是的状态。这个区域有世界自然遗产地 1 处、国家重点风景名胜区 2 处、国家森林公园 5 处、国家地质公园 2 处。

10.1　黄荆处处多奇境，丹山时时显华彩

古蔺县是四川东部最南的一个县，与贵州相邻。古蔺北部的黄荆是一个原始林区，也是丹霞地貌最为壮观的区域之一。它位于西起叙永、东至贵州温水的宽缓的象鼻场向斜（亦称象鼻岭向斜）的西端，厚达 600 米左右的块状白垩系砖红色长石石英砂岩，地层的倾角仅 2 度左右，赤水河支流蟒童河、瓮溪沟上游流淌在此，相较于赤水河口的侵蚀基准面，此地的山峦高出 1 200 米以上（平均海拔 1 300 米，最高峰 1 845 米），因而河流侵蚀十分强烈，形成处处丹崖林立、丹霞类型多样的中山峡谷地貌。此地突出景点如下。

八节洞：八节洞意为八道瀑布，在蟒童河上，相距 1 400 米范围内，落差 120 米，有八级瀑布。第一级黑龙滩瀑布，海拔 790 米，宽 28 米，高 34 米。第二级白云岩瀑布，高 3 米。第三极"情人瀑"，高 5 米。第四级"含羞瀑"，高 8 米。第五级"旋涡瀑"，有大型瓯穴 2 处，溪流在此呈旋涡状下泄进入地下河，故名八节洞（见图 10-1）。它是一个小三叠瀑布，总高 15 米。再往上是蟒童坝瀑布，共有三级：下级高 7 米，中级高 14 米，上级高 20 余米，名叫"珍珠滩"，宽 70 米。八节洞瀑布顶部海拔 900 米。八节洞瀑布掩映在丛林中，景色优美。白云岩下"德盛桥"头的丹崖上，有清代诗人梁春华题诗《八节洞》，称此地"云气吞边日，泉声响百峦"。蟒童河流入赤水境，形成了有名的"十丈洞瀑布"。

图 10-1　黄荆八节洞漩涡瀑

蜂窝岩：蜂窝岩位于黄荆去八节洞途中，是一处特殊的丹霞微地貌。此地海拔 800 米，富含硫酸盐矿物的红色崖壁上布满密集的小孔洞，好似蜂窝，景象奇特。蜂窝岩整个范围长 75 米，高 14 米，红层砂岩厚 4～5 米，夹有薄薄的页岩，每个小孔直径 5～8 厘米，深 6～10 厘米。此种孔洞既非人为，也非动物造就，是岩石风化形成，不得不让人感叹大自然的鬼斧神工（见图 10-2）。

图 10-2　黄荆蜂窝岩

　　红圈子：红圈子位于黄荆东部，原林附近，也是一处特殊的丹霞地貌，名叫"红圈子地貌"。它是半环状的陡壁，川南一带老百姓也叫这种地貌为"锅圈岩"或"环岩"。此地红圈子朝向东北，最大直径70米，圈顶海拔1 110米，圈底海拔990米，圈后壁有一瀑布下垂，落差约100米，圈底沟床上壶穴密集。此地地层的长石石英砂岩与页岩互层，地层产状平缓（倾角仅2度），砂岩最大层厚2米，垂直节理发育（1~3米1条），由于溪流溯源侵蚀，岩层崩塌，瀑布后退，逐步形成了环状岩圈。红圈子四周青山环绕，环形丹崖矗立，瀑布飘洒如烟似雾，沟底壶穴奇幻变化，如此风光亦属少见！

　　环岩：由红圈子继续前行，可到达环岩。这是一处比红圈子规模更大的红圈子地貌，地层的砂、页岩互层以及垂直节理情况与红圈子类似，只是倾角增大到4度，瀑布变为两条，水量也大了不少。两条瀑布分别叫龙腾沟瀑布与龙马潭瀑布（见图10-3），落差百米以上，瀑布的侵蚀后退，造成此地的环状崖壁呈Y字形，环状岩开口向东北。环岩四周古木参天，溪流纵横，雨季瀑声如雷，声闻数里。环岩溪流汇入习水瓮溪沟途中的环岩绝情谷与贵州土城交界一带的小木槐景区，原始森林植被更为茂密，沿途丹崖高悬，瓯穴巨大，瀑布众多，风光尤为秀美。

图 10-3 黄荆环岩龙马潭瀑布

恐龙足印：近年在黄荆发现大量恐龙足印，主要分布在金鱼溪和长滩的沟床上。在长滩白垩系红层沟床 3 000 多平方米的巨石上，大面积的恐龙足迹出现，共有 300 余个。据恐龙研究专家判断，恐龙的种类有大型兽脚类、小型兽脚类和蜥脚类三种。这是国内迄今为止发现的形状最完整、最清晰的恐龙足迹化石。其中还有实雷龙（食肉恐龙）足迹，现已被命名为野比氏实雷龙足迹。另外，汉溪还发现 70 余个恐龙足迹，有蜥脚类、鸟脚类、翼龙等的足印。黄荆共有 7 个恐龙足迹化石点。这些印模化石对研究恐龙类型、活动习性有重要意义，也是一种重要的旅游资源。

红龙湖：红龙湖位于黄荆南部，瓮溪沟支沟上游，是一处人工水库，海拔在 1 200 米，湖周为群山，最高峰斧头山达 1 835 米。这里奇峰怪石，林海茫茫，植被葱郁，碧波粼粼，天地生辉，有似仙境。

古蔺黄荆现有原始森林 276 平方千米，属亚热带常绿针、阔叶混交林带。这里自清初封禁后的 200 多年时间，人迹罕至，森林茂密，植被丰富，动植物门类多，有树木 71 科、150 属、242 种，有珙桐、秃杉、红豆杉、大果青冈、鹅掌楸、福建柏、香樟、桢楠、桫椤等珍稀树种；有上百种珍贵药材和大量的经济林木；有羚牛、金钱豹、黑熊、野猪、飞狐、九节狸、白雉鸡等珍禽异兽。这里还是红军长征经过之地，后来还有地下党 2 300 多人以原始森林为依托，进行游击活动。

古蔺北面叙永的丹山，亦名"丹岩山"，是一处有名的丹霞景点，素有"川南小峨眉"之称。叙永丹霞地貌约 200 平方千米，分布于丹山和水尾一带，其中丹山约30平方千米。丹山南北延伸，从南面尖山子，到北面望乡台，均为悬崖绝壁，相对高差600~800米，最高峰紫霞峰海拔1 619米。巨厚的白垩系地层产状平缓，垂直节理发育，经风化与流水侵蚀，使得这里地形崎岖、复杂，多绝壁、石柱（见图10-4）、石堡、石峰与峡谷（见图10-5）。

图10-4　丹山丹霞石柱地貌

图10-5　丹山丹霞石巷"一线天"

此外，人称此地有"6沟、10岭、36峰"。紫霞峰下的丹霞绝壁长300多米，高100米左右；丹山北端有一岩墙，宽约40厘米，长20余米，奇险十足。攀登紫霞峰，必经猴子背险境。全山的石柱、石堡、石峰，形成了大小佛爷峰、夫妻峰、莲花峰、紫霞峰、狮象山等奇峰，绝壁下崩塌堆积的岩块，形成了雷劈石、老虎洞、一线天等景观。丹山的瀑布小但水流不断，突出者有落差200多米的黑龙潭瀑布和流珠滚玉的玉帘泉瀑布。

丹山地势高峻,水汽丰富,多云雾,时移景异,景色万千,尤以冬季雪景的"红岩霁雪"最为美艳(见图 10-6)。日出日落、云海佛光、雾凇树挂,吸引游人前来观赏打卡。丹山山麓有红岩三坝的层层梯田,山顶有紫霞峰摩崖石窟"圆觉洞"和大量题刻,也是十分难得的文化景观。

图 10-6 丹山山顶的"红岩霁雪"

10.2 赤水赤山赤文化,万崖千瀑有绿装

赤水是我国 6 处丹霞地貌世界自然遗产地之一,丹霞地貌总面积 721.78 平方千米,是我国丹霞地貌面积最大的县级市。其丹霞地貌主体位于宽缓的象鼻场向斜中(北部鸡公岭向斜也有分布)。构成丹霞地貌的岩石主要是白垩系嘉定群厚块状砖红色长石石英砂岩,厚 520~900 米,地层倾角一般不大于 10 度。赤水河将丹霞地貌分布区分隔为东西二部:东部主要为流水深度侵蚀切割形成的青年期山原峡谷地貌,面积 366.95 平方千米,是赤水丹霞地貌分布面积最大、地貌形态最典型的区域,主要包括葫市以南、赤水河以东、习水河以西的地区,东区的山顶面仍较为清晰(平均海拔 1 400~1 500 米),局部地方可见平顶方山;西部位于赤水河以西、风溪河以东的赤水市西南部地区,河流切割程度小于东部,以高原峡谷为主,面积 354.83 平方千米,形态上属于典型的高原峡谷型丹霞地貌,也是青年早期丹霞地貌。赤水丹霞地貌的最高一级剥夷面高出赤水河河口侵蚀

基准面近1 400米，第四纪湿润亚热带季风气候的丰沛降水，造成的强烈的风化、溶蚀、崩塌、流水侵蚀，塑造了此地众多的马蹄形陡崖"红圈子地貌"、沟床上无数密集的壶穴、比比皆是的天生桥（共20多座）等丹霞地貌，以及特殊的大规模蜂窝岩地貌奇观。赤水的丹霞结合了瀑布、湿地、翠林等其他大自然的美景。丹霞森林覆盖率超过90%，被称为"绿色丹霞"和"覆盖型丹霞"，而大面积古植被和多种珍稀濒危动植物，更成为赤水丹霞独有的特征。赤水的丹霞地貌，以其艳丽鲜红的丹霞赤壁、拔地而起的孤峰窄脊、仪态万千的奇山异石、巨大的岩廊洞穴和优美的丹霞峡谷与绿色森林、飞瀑流泉相映成趣，具有极高的旅游观赏价值。赤水丹霞与湖南崀山、广东丹霞山、福建泰宁、江西龙虎山、浙江江郎山5大著名丹霞地貌景区组合成为"中国丹霞"，并在第34届世界遗产大会上通过表决，成为中国第8个世界遗产项目。赤水还是国家重点风景名胜区、国家地质公园、国家森林公园（2处）的所在地。赤水丹霞地貌的主要景点如下：

10.2.1　佛光岩与五柱峰景区

佛光岩也叫"大白岩"，位于元厚的小金乙沟中游。在此可以发现崖壁上巨大的斜层理，其细层倾角达到40度，可见此地砂岩由风积而成。佛光岩海拔800米，地貌年龄673万年。由于岩层近乎水平而且巨厚，受小乙沟瀑布溯源侵蚀，崖壁后退，形成环状的"红圈子地貌"，岩高234米，宽666米，弧长1 000余米，瀑布高132米，宽10余米。赤色岩壁与瀑布沟床构成一幅恢宏壮丽的图景，人们称赞此地"丹霞绝壁、天下奇观"，此外，此地还有"世界丹霞之冠""世界丹霞第一园"的美誉（见图10-7）。五柱峰位于小金乙沟上游，是海拔1 000米剥夷面上，侵蚀残余的峰丛。从海拔650米的观景台眺望海拔1 156米的五柱峰，可发现五柱峰并非仅有五柱，而是多柱，仅以五柱最为突出而已。它们都是沿节理风化、侵蚀、崩塌而成的丹霞石柱、石峰，群峰挺立，气象壮观（见图10-8）。佛光岩与五柱峰一带是赤水丹霞地貌的核心典型区域。

图 10-7 赤水佛光岩

图 10-8 赤水五柱峰峰丛地貌

10.2.2 赤水大瀑布景区

赤水大瀑布亦名"十丈洞瀑布",位于两河口的风溪沟上,瀑壁为巨厚层、倾角仅 4 度的红砂岩。瀑布高 76.2 米,宽 80 米,巨量水流倾泻而下,响声震天,水花飞溅,水雾弥漫,气势磅礴,动人心魄。水雾中有时可见彩虹,甚至可见佛光奇景。此瀑布比黄果树瀑布低 2 米,比黄果树瀑布窄 2 米,是我国丹霞地貌区域最大的瀑布,也是长江流域最大的瀑布(见图 10-9)。

图 10-9　赤水大瀑布

　　大瀑布下崩塌岩块不少,有的构成景观,如金龟观瀑布,也有不少壶穴,岩块上还可观察到红层层面的波痕构造。大瀑布下游不远处是中洞瀑布,也称"美人梳瀑布"。它高 18 米,宽 75.6 米,是大瀑布的"姐妹瀑"。它均匀、平缓,形态好似一把巨梳,是中国帘状瀑布的典型代表(见图 10-10)。

图 10-10　赤水中洞瀑布

　　大瀑布景区入口处有一长 300 米、高 50~60 米的巨大红崖,十分壮观。其附近的会水寺有摩崖石窟,造像 10 尊(据说为唐代作品)。十丈洞上的香溪湖水库东侧密林中有一特殊的平衡石——"万年石伞",地貌景观珍奇。凤溪沟东侧的盘龙沟（金鱼溪）有共5级的盘龙瀑布群，景色颇为壮观。

10.2.3 四洞沟景区

　　四洞沟由四个形态各异的瀑布构成，以大致相等的距离分布在景区内。第一瀑为水帘洞瀑布，瀑顶海拔约300米。瀑宽37.5米、高31米，瀑内有一额状洞，洞内壁高1~3米，外沿高5米，可通行人，从水帘洞内通过，颇有情趣。此瀑外观珠帘悬挂，白纱涓涓，声若雷鸣，有万钧之势。向上前行800米就到了第二瀑——月亮潭瀑布。瀑宽42米、高10米，远看像一把向下的弯形银梳。梳背就是瀑面，向下均匀分布的银色细流像若干梳针，瀑顶海拔317米左右，瀑顶溪床上壶穴密布。第三瀑是飞蛙崖瀑布，因瀑顶水中有一红砂岩岩块突出，状如巨蛙，故也称"巨蛙瀑布"。瀑顶海拔352米左右，瀑高26米、宽43米。由飞蛙岩瀑布上行，溪流中盆景密布，沿岸桫椤奇姿，有特殊的三枝桫椤、双叉桫椤，大小桫椤四处可见，令人目不暇接。第四瀑是白龙潭瀑布。它是四洞沟瀑布群中最大的一个瀑布，瀑顶海拔450米，瀑高60米、宽23米，飞流直下，瀑声如雷，动人心魄。瀑下"白龙潭"波涌水沸，颇为壮阔（见图10-11）。

图10-11　赤水四洞沟白龙潭瀑布

　　四洞沟景区内翠竹掩映，密布着8属40余种竹类，而且沟谷两侧时有飞瀑穿林而下，在红崖上冲击跌宕，景色优美。四洞沟景区前的公路左侧，离公路30米，有一座横跨冲沟的天生桥。桥长15.8米、宽1.0~1.4

米、厚1.5米左右、高7.5米，与内侧岩壁相距3.8米，桥体浑圆，桥下流水潺潺，人们称此桥为"渡仙桥"。距"渡仙桥"4 000米的大同附近还有一座规模更大、更奇特的天生桥，名叫"大同天生桥"，桥高13.5米，长51米，宽6米。天生桥与后面崖壁相距1~3米，崖壁上还有一小瀑布。这两个瀑布与大多数赤水瀑布类似，都是天生桥内侧岩层的垂直节理，被侵蚀掏空、崩塌而形成。大同以北3 300米，与四川交界处的石顶山（石鼎山）有一奇特景观：一宽约6.6米、长约9.6米的巨型石蛋被一直径1米的岩石支撑，上部依岩壁而不倒，是颇为少见的奇观（见图10-12）。石顶山还是1935年中共地下组织发动石顶山起义的地方。

图10-12　赤水石顶山的巨型石蛋奇景

10.2.4　红石野谷（杨家岩）景区

主体的杨家岩位于华坪沟东北侧，是一处巨大的额状洞，此地海拔430米左右，朝向西南，额状洞长200米，主体部分110米，洞深约15米，洞口高约16米，内壁高5~6米（见图10-13）。洞的内壁是含硫酸盐较为丰富的岩层，风化成一处面积很大的蜂窝岩地貌（见图10-14），是赤水三处（另外两处分别是龙凤岩和金沙沟硝岩）蜂窝岩中面积最大的一处。大小蜂窝洞穴密集，有的还形成大中套小、小中套微、洞底相通的状态，是一处丹霞地貌洞穴奇观，人称此地为"丹霞壁画石刻长廊"。岩壁通体泛现鲜艳的朱红色，午后至日暮时分，崖壁、岩穴丹霞色调更浓烈，在阳光映照下，附近的树木和游人仿佛被笼上一层红色罩巾，令人叫绝。

额状岩内冬暖夏凉，岩洞外翠竹掩映，水流潺潺，平时有三条瀑布从岩顶坠落，雨天则有四条，颇为壮观。曾有杨姓居民世代居此，故名杨家岩。纵观整个景区，仿佛置身于原始的侏罗统公园。除了蜂窝状洞穴，岩壁崩塌的大岩块上还有红层层面上的波痕构造，据此可以推断白垩纪时，这里曾有河流流过，可以见到水流方向，以及河流边缘水流较缓形成的沙纹，而河流中部流速较快形成的是沙波。杨家岩具有很高的科研、科普与观赏价值。

图 10-13　杨家岩大型额状洞

图 10-14　杨家岩宏伟的丹霞蜂窝岩地貌

红石野谷瀑布众多，杨家岩西部不足 1 000 米的华平瀑布，瀑高 16~17 米，宽 5~6 米。瀑布坠落红砂岩面，并在岩面水平处均匀流淌，颇有观赏价值。此外还有迎宾瀑、织女瀑、高山流水、水帘洞等瀑布，各具特色。

竹海国家森林公园、燕子岩国家森林公园和赤水桫椤国家自然保护区森林茂密、原始，是亚热带常绿阔叶林植被区。这里有种子植物500余种，蕨类植物近200种，其中国家重点保护植物7种；野生动物中有兽类10种，鸟类110种，爬行类32种，两栖类10种，鱼类39种，昆虫100余种，其中国家重点保护动物18种。这里不仅资源丰富，而且储量较大，堪称亚热带地区一座珍贵的珍稀物种种源库。国家在这里先后建立了金沙沟国家桫椤自然保护区，以及竹海与燕子岩两个国家森林公园。在一个县级市能有三个国家级植物保护区与公园是很罕见的。赤水桫椤国家自然保护区位于葫市以东的赤水河支流金沙沟流域，保护面积133平方千米，海拔290~1 730米。年平均气温17.7℃，年降水量1 200~1 300毫米，年平均相对湿度大于84%。保护区内桫椤生长良好，分布集中，数量达4万株，在很多地带形成优势的植物群落，在国内实属罕见，被誉为"桫椤王国"（见图10-15）。

图10-15　赤水桫椤保护区

由于景区内植被保存完整，原始性较强，地形封闭，小气候条件造成了这里南亚热带色彩的特殊生态环境，被中国科学院的专家称为"南亚飞地"，是一个理想的古生物和环境科学研究、教育基地。桫椤极具观赏价值，又是一处理想的旅游胜地。金沙沟流域丹崖赤壁和瀑布不少，突出的有支流红岩沟口（海拔约381米）的"神州赤壁"，它是一处红圈子地貌，赤壁高 169 米左右，宽 162 米左右，红崖轮廓近似一幅巨大的中国地图，故名 "神州赤壁"。环状崖后壁，有一瀑布飞流直下，高 100 余米，好似银河坠落。神州赤壁东南的金沙沟右岸坡上，海拔 544.5 米处，有一丹霞额状洞，名叫 "硝洞"。它高出沟底 35 米，洞长 115 米，深 31 米，洞口高 15~20 米上方有帘幕状瀑布流下，环境优美。洞体后壁风化成蜂窝状地貌，蜂窝洞穴直径 2~20 厘米，深约 10 厘米。蜂窝岩下风化沙粒堆积，人们认为它含硝，可作肥料，故名 "硝岩"。金沙沟上游支流甘沟，沟床陡峻，植被浓郁，多楠竹、桫椤、芭蕉，以南亚热带风光为主。沟床上有多级小梯级瀑布与壶穴。金沙沟保护区南侧有五里沟，它以崖壁多层额状洞构成多层丹崖而显丹霞之美。赤水竹海国家森林公园位于桫椤保护区北侧，以浩瀚的 "竹海" 风光为主，园内有楠竹 17 万亩，遍布群山。登上公园 "观海楼"，凭栏眺望，一望无际，莽莽苍苍，竹林无边。园内的人工水库竹海天池四周，即波状起伏的 800~900 米的剥夷面，全为竹林覆盖。园内的闷头溪是小黄花茶保护地。溪谷内有几处扭转、婀娜多姿的神女瀑布和巨大的丹霞石蛋地貌（见图 10-16）。

图 10-16 赤水竹海国家森林公园景色

燕子岩国家森林公园位于风溪河西岸，总面积 16 万亩，景区环境封闭，森林原始，生态系统完整，地势险峻，旅游资源独具魅力、集科考、旅游、观光、休闲于一体（见图 10-17）。燕子岩海拔 612 米，主体由卸荷节理崩塌而成。洞穴最高处 42 米，宽 80 米。燕子岩侧的燕子岩瀑布，高 87.3 米，宽 50 米，瀑幅呈燕尾形。燕子岩瀑的顶部又有一瀑，高 42 米，宽14米，名叫"莲台瀑布"。景区内高20余米的"生命之源"，是由巨厚层砂岩上的一条垂直节理侵蚀而成的。

图10-17　赤水燕子岩国家森林公园

10. 2. 5　龙凤岩景区

龙凤岩位于元厚北面赤水河西侧支流中坝沟上游的二层岩沟，由两个巨大的额状洞构成，总长100米左右。龙岩部分长76米，深28米，高约16米。龙岩后壁有一部分为蜂窝状洞穴，洞穴直径小的3~5厘米，中等的5~10厘米，大的10~30厘米不等（见图10-18）。

图10-18　赤水龙凤岩

洞穴的下半部分堆积了岩石风化掉下的岩砂、岩粉。洞穴深度与宽度近似。洞穴间的隔脊有的被风化掉，使彼此连为一体，更盛者的隔脊仅余痕迹。在凤岩一边却未见此种蜂窝状洞穴地貌。两个额状洞的岩壁都有黑白色条带下垂，使得红崖色彩斑斓，其黑色部分是低等植物藻类，白色部分是砂岩中钙质沉积的结果。两者都与水流沿崖壁下流有关。龙凤岩的蜂窝状地貌面积虽然不及杨家岩和澳洲西部的巨大蜂窝岩大，但就其典型与规模而言，实属国内第一，是观察与研究蜂窝岩特种丹霞地貌的首选地（图10-19）。龙凤岩附近的元厚石林村有一大片散落在农家田间地头的丹霞石蛋地貌，人称"丹霞石林"。这些石蛋形的丹霞地貌，有的形如元宝，有的形如青蛙，有的形如马鞍……形态各异，蔚为壮观。其中，有一岩柱似人非人，人们称之为"外星人"。

图10-19　赤水龙凤岩的大型蜂窝状地貌

赤水是中国历史上红军长征经过的重要地点，留下了大量的红色文化遗产。赤水城区的红20军烈士陵园，红军四渡赤水首渡地丙安古镇（赤水河三面环绕，长约400米的吊脚楼石板路古街）有红一军团陈列馆，旺隆镇有黄皮洞红军战斗遗址、七里坎红军阻击战遗址、元厚沙陀红军渡口纪念碑，以及石顶山地下党起义地遗址等。

赤水丹崖上的摩崖石刻，主要分布在北部的旺隆一带，有石鹅嘴摩崖大佛，它高4~5米，立于莲台之上，峨冠博带，神态肃穆，双手平叠胸前，造型优美。葫市摩崖造像（造像15尊）相对较小，两河口会水寺石窟亦较小，它们一般是明清作品，最早的石刻是旺隆水井湾的宋代石碑。

10.3 夜郎山高原峡谷，天鹅池地震遗址

习水位于赤水之南，处于白垩纪古巴湖南沿，其丹霞地貌从西南向东北，在县域内呈带状分布，也是贵州省丹霞地貌分布最密集的地方，人称"夜郎山"区域。白垩系（分布面积占全县总面积的12%）厚层长石石英砂岩形成的高原面（海拔1 400~1 500米），经赤水、习水和它们的支流侵蚀分割，形成高原峡谷的青年期丹霞地貌，面积约487平方千米，与赤水、四川古蔺、合江、重庆綦江的丹霞地貌连成一体。其丹霞地貌分布有五片：小坝、天鹅池、圆洞、三岔河和飞鸽。

10.3.1 小坝

小坝位于土城西南，与四川古蔺黄荆和赤水四洞沟、大瀑布一带接壤。景区面积40平方千米，包括中统坝和漏仓沟（见图10-20）。这里丹崖壁陡、丹峰耸立、沟壑纵横，有巨蝶飞天、仙人瀑、落魂台、猴子拜观音、虎口崖等40余个景点。森林与古蔺黄荆连片，是保存完好的国家级中亚热带常绿阔叶林区。

图10-20　习水小坝漏窗沟瀑布

10.3.2　天鹅池

天鹅池位于习水县北部的习水河支流童仙溪上游，白垩系地层倾角14度，海拔1 176米。它是一处山体崩塌，堆积岩块堰塞而成的湖泊，湖口的堰塞体长约800米，宽约300米，湖水从碎岩石缝隙流出，汇流成童仙溪。

从地貌来看，此湖正在萎缩中。湖水清澈，岸边芦苇丛生，四周森林茂密，丹崖掩映，环境静谧，冬季常有北方的天鹅来此越冬，好似人间仙境，于是有了关于仙女的传说，湖西有一凸出的红砂岩，人称"梳妆台"。湖边罗氏古墓有一石刻对联，写的是"山为锦屏何须画，水作琴声不用弦"，很好地诠释了这里的风光。天鹅池周边的丹霞地貌数天鹅峰与天鹅石笋群（石柱群）最为美丽。石笋群的砖红色石柱披上绿色的植被，相互拥簇，耀人眼目。从地貌分析，一次大地震造成天鹅峰一带山体崩塌，崩积物堵塞童仙溪，堰塞形成天鹅湖。山顶碎裂的岩体则成了天鹅峰与天鹅石柱群。童仙溪丹霞峡谷中林木葱郁，有童仙岩、赤壁神州（见图10-21）、南天门、绝壁回音、丹峰夕照、狮子口等景点。游此会一路赤壁丹崖，飞瀑流泉、变化多端，美不胜收。童仙溪汇入长嵌沟，此地有多处额状岩，最大一处长达80米，曾为乡政府驻地。

图10-21　习水童仙溪赤壁神州（丹崖好似中国地图）

10.3.3 圆洞

圆洞,也叫大圆洞或猿洞,这一带连同附近的区域也叫小桥坝景区。圆洞是一处大型环状的红圈子地貌,也是习水河支流圆洞沟的沟脑,地层是白垩系细粒长石石英砂岩,倾角11度,砂岩单层厚0.5~6米不等,夹1~20厘米的页岩。圆洞直径600米,峭壁相对高度400米以上(见图10-22),经常云雾缭绕,底部是一处人迹罕至的原始林区,与之相连的四川部分已建立国家森林公园。有7条溪流泻入谷底,其瀑布十分壮观。红圈子地貌顶部是海拔1 100米左右的剥夷面,其上有五仙山,五根丹霞石柱高30~40米,直径5~10米,它们都是风化、侵蚀残余的岩柱,受75度与340度两组节理控制,崩塌而成。有的柱顶还生长着枝干婆娑的老树,好似梦笔生花。小桥坝的石坎河峡谷全长9 000米,是水流切割作用形成的典型丹霞峡谷,谷深300~800米,可分成三段:上段为瀑布群,有梯级瀑布6处,气势磅礴,最大的瀑布落差48米;中段长4 000米,是峡谷中最开阔的一段,四面环山,梯田层层,此地有清末古宅"富豪遗址",柱础石刻极尽奢华;下段入长嵌沟。小桥坝的杉树王是一株孤立木,树高44.8米,胸径2.23米,冠幅22.7米,树龄约八百年。此外,尚有母子峰等丹霞景点,最高点红岩顶1 756米,可观云海、日出等气象景观。

图 10-22 习水圆洞一角

10.3.4 三岔河

三岔河，位于县域北部与四川接壤部位。这里丹霞地貌为森林所覆盖，构成丹霞绿海奇观。景区深藏于绿色林海之中，九沟十八岔涧谷纵横、林莽苍苍，千峰竞秀、碧水萦绕，一根根石柱拔地而起，一片片巨大的红崖色彩斑斓，瀑布跌水穿林破雾，峡谷曲流奔腾欢跃，千奇峰林，百怪洞穴，形成奇幻而美丽的"峡谷大观园"，人称此地为"中国丹霞谷"。其主要景点有：蝴蝶岩（见图 10-23）、双老石，以及"水漫丹霞""无字天书""双狮戏娃""仙女上轿""转塘奇观""神掌飞石""象背石"等。历史文物方面，有蜀汉章武三年（公元 223 年）的摩崖石刻，贵州第一石窟的望仙台石窟。杨家沟的袁锦道、铁厂湾的清"恩赐正七品"墓、水井头的清皇封贞节牌坊，其石刻艺术技艺精湛，还有清代实业家袁锦道创办的 48 家工厂遗址。其中，望仙台石窟海拔 1 200 米左右，石窟坐南向北，前临深谷，后倚绝壁，周围林海莽莽，石窟在东西长 15 米、深 8 米、高 10 米的丹霞额状洞内。石窟分东西两部分：东窟供奉佛像，为主窟，西窟为袁锦道塑像祠。墓祠门的横额将老百姓俗称的"望乡台"改名为"望仙台"。附近两岔河沟底，可见白垩系的底砾岩，砾石成分为石英岩、石灰岩、石英砂岩、红砂岩等。三岔河风光真可谓"青山滴翠翠人醉，赤壁流丹丹霞飞"。在三岔河以北约 1 000 米的岩上村，有一段高 3~7 米、长约 100 米的丹崖，上面有人工开凿的崖墓 5 穴，崖壁石刻有鱼、渔船、鸬鹚捕鱼等图像。

图 10-23　习水三岔河蝴蝶岩

10.3.5 飞鸽

飞鸽位于习水县东北面大坡乡域内，与重庆市江津四面山国家级风景名胜区相连，飞鸽区域地文风景资源由各类丹霞地貌组合而成，主要有丹崖、V形峡谷、象形巨石、板状河床（见图 10-24）等，出露白垩系嘉定群岩层，为泛滥性河流沉积，岩性为砖红至鲜红色、中厚至块状长石石英砂岩，夹紫红色泥岩。在川黔古道关隘寨门西北经 1 000 米的水沟边有一厚约 4 米砾岩层，由砾石及胶结物组成，砾石含量占 75%，磨圆度佳，砾径 40~90 毫米，长度可达 160 毫米，是一种较有观赏和开发价值的石类。一条小河在砖红色砂岩上冲刷出平坦的板状河床，长达 4 000 米，相对高差 380 米。丹霞板状河床形成绝无仅有的"水上公路"。九凤山可观日出、云海、雾岚。森林公园飞鸽片区大门有清代川黔古道的关隘遗址——古寨门。它有大、中、小寨门和城墙遗址，防御体系十分完备。

图 10-24　飞鸽红色板状河床

习水丹霞地貌区植被覆盖率超过 95%，植物种类丰富，生物多样性在我国中亚热带区域保存良好，1995 年成为国家自然保护区，2001 年成为国家森林公园。国家森林公园面积 14 027.46 公顷，由杉树王、三岔河、飞鸽三片组成。森林公园内各类植物有 266 科、765 属、1 674 种。习水植物区系的热带成分占 51.42%，温带成分占 48.58%，热带地理成分略占优势。在 1 074 种种子植物地理分布中，世界分布 23 种、热带分布 245 种、温带分布 806 种，除世界分布 23 种外，热带成分占区内总种数的 23.31%，温带成分占区内总种数的 76.69%。中国特有种 588 种，占区内总种数的 54.74%，其中贵州特有种 10 种。蕨类植物共 30 科、70 属、129 种，其中有国家二级保护植物 3 种。苔藓植物有 49 科、119 属、279 种。此外，大型真菌种类也很多，有 38 科、85 属、192 种。贵州习水国家森林公园内动物资源相当丰富，各类动物 49 目、252 科、1 435 种。其中国家一级重点保护的有 4 种，占全省同类保护物种（14 种）的 28.6%；二级重点保护的有 28 种，占全省同类保护物种（65 种）的 43%。兽类有 74 种，分属8 目、25 科，占贵州省兽类总数的 54%，其中国家一级重点保护兽类有豹、云豹；国家二级保护兽类有猕猴、藏酋猴、穿山甲、水獭、大灵猫、小灵猫、林麝、鬣羚等珍稀保护兽类，占贵州省重点保护兽类的 75%。鸟类有 144 种，隶属 16 目、36 科，占全省鸟类总数的 35%。其中属国家一级重点保护动物 1 种、国家二级保护动物 10 种。爬行类动物已查清的有34 种，隶属 3 目、10 科，占贵州省爬行动物总数的 33%。丰富的地表水给两栖动物的生存提供了优越的环境条件，因而两栖动物在这里繁衍生息、分布广泛，共 31 种，隶属 2 目、9 科，占贵州省两栖动物总数的 49%。丛林密布、植物多样，公园内昆虫资源也十分丰富，有 15 目、161 科、693属、1 095 种，其中有新属 4 个，新种 71 种，中国新纪录 14 种。习水可谓植物王国，生物乐园！

习水文化旅游资源也很丰富。土城有四渡赤水纪念馆、女红军纪念馆、土城会议会址、狮子沟红军司令部旧址、大坝上军事指挥所旧址、青冈坡战役遗址、土城渡口纪念碑，以及历史文化遗存地"赤水河盐运文化陈列馆""赤水河航运历史展览馆"等。太平古镇还有红军二、四渡渡口的四渡赤水陈列馆。

10.4　福宝天堂降人间，神臂铁泸砥中流

合江福宝位于长江支流塘河上游的大槽河河谷，南邻贵州赤水、习水丹霞地貌景区，东与重庆江津四面山丹霞地貌景区接近，是四川一处重要的丹霞地貌风景区。福宝丹霞地貌密集、景点在天堂坝一带。天堂坝景区内的丹霞地貌红色岩石和绿色林海相映成趣，或山峦起伏，或溪流纵横，或深山古木，或飞瀑流泉，景色各异，争相诱人。天堂坝景区有瀑布几十处，其中以大鹿洞瀑布（见图 10-25）、洞坪瀑布、天堂瀑布、烟雨岩瀑

布等最为壮观。大小瀑布倾泻激荡，掀起满天烟雾，轰然鸣响，数里之外也能感受到其威势。其中，大鹿洞瀑布最大，其次是洞坪瀑布，它是两叠瀑布，高20米，宽40米。

图 10-25 福宝大鹿洞瀑布

溪河两岸多额状洞，如渡口、干溪、烟雨岩、莲花异石等处都有丹霞额状洞。有的额状洞还成为人类崖居地点，颇为特别。渡口大岩的额状洞呈半月形，长80余米，中宽10米许，自古有人居住，现尚遗存灶、水缸、石磨等生活设施。此种丹霞额状洞的崖居，20世纪曾遍及西起沐川、东到湖北恩施的丹霞地貌区域，而今已经少见了。天堂坝的红色板状河床也是人们喜欢的景点（见图10-26、图10-27），它叫"平滩映月"，河滩平缓开阔，长有600多米，宽有70多米。滩床为白垩系红色砂岩，平整光洁，可以涉水漫步、戏水游玩。

图 10-26 天堂坝额状洞内的崖居

图 10-27　天堂坝红色板状河床的"平滩印月"

　　大槽河源头的天竺沟（亦名天物沟），长约 5 000 米，沟内丹崖峭壁，古树苍藤，流水潺潺，鸟语蛙鸣，人称"瑶圃洞天"。在密林中有一处丹霞额状洞，洞口有一孤立的、崩塌的红色岩石，布满蜂窝状洞穴（见图 10-28、图 10-29），应是一处小型的蜂窝岩地貌。它原来发育在额状洞后壁，崩塌后残留，而今额状洞后壁的蜂窝状崖壁已崩塌殆尽，无蜂窝状地貌可寻。这种崩塌、风化残留，孔洞向上的蜂窝状地貌，实为少见。人们把它视为一朵盛开的莲花，取名"莲花异石"。天堂坝的东南最高处是魂牵子（亦作红牵子，习水人称"红圈子"）山，是川黔两省的分水岭，海拔 1 482 米。山脊红色的石梁上矗立着一根丹霞石柱，高约 15 米，形状像巨人，人称"石老妈"，亦称"石人镇关"（见图 10-30）。

图 10-28　额状洞下的"莲花异石"

图 10-29　蜂窝状地貌"莲花异石"近景

图 10-30　福宝魂牵子山的丹霞石柱"石人镇关"

　　福宝是历史上川盐运黔的要道，景区内的大槽河、小槽河都曾是运盐水路，在河道尽头转为陆运，翻越魂牵子，当地人在地势高处建立了兵营与关卡。现存有三元古寨、带壁寨，接龙山古寨门。大槽河源头有营盘遗址，魂牵子山顶有武定寨遗址。武定寨海拔 1 408 米。石寨门为双拱，高3.7 米，昔日古寨的主要职能是收过境马帮的盐税、茶税，防止匪患。1862 年，太平天国石达开部转战四川时，有一支太平军也在这里驻扎过。

　　福宝东面小槽河流域的自怀和大槽河西面的玉兰山，也是丹霞地貌区域，区域内丹崖林立，瀑布众多，林木苍翠，风景亦佳。由于天堂坝、自怀和玉兰山总面积为116平方千米，植被覆盖率在95%以上，原始森林有植物千余种，有属国家保护的珍贵树，如木银杏、桫椤、银杉、水杉、红豆杉、鹅掌楸等；动物有上百种，珍稀动物有灵猫、云豹、猴、灰鹿、小熊猫、白鹇、红腹锦鸡、凤尾蝶等，这里被誉为动植物基因库，因而在此建立了国家森林公园。

　　合江其他地方的丹霞地貌景点有法王寺、笔架山，以笔架山丹霞地貌形态最为多样。笔架山位于长江南岸，赤水河西岸，高698米，从赤水河仰望三峰并列，形如笔架，故名"笔架山"。景点有仙人洞、仙人口、仙人石、九连洞、晒丹石、念经岩等20余处，因此被誉为袖珍型的风景区。其中仙人石最具特色，是一处丹霞石蛋相叠而成的石柱，近似人像，故名"仙人石"，是一特殊地标（见图10-31）。笔架山上的云台寺建于隋代，山门前至今还保留着六百多年的古樟，庙内藏有黄庭坚的碑文，明代的壁画，重达千斤的清代铜钟，以及朱德等的诗词碑刻。

图10-31　合江笔架山丹霞石柱"仙人石"

　　合江西北与泸县交界处有一突出长江中的半岛，这就是砥柱中流，抵抗蒙元35年的南宋名城"神臂城"（当时泸州行政驻地）遗址。人称"天生的重庆，铁打的泸州"，即来自此。神臂城是由侏罗系砂岩构成的半岛，三面环水，西、北两面皆是高达数十丈的悬崖峭壁，唯有东面是平坦的陆地，有路可通。而环绕神臂城的这段几千米的长江，前后排列着晒金滩等数十处险滩。现遗存城墙高约5米，绵亘600余米，它几乎切断了整个神臂城向东的通道。在城墙外100多米的地方，又排列着两道高约3米的石墙（见图10-32）。这在当时叫耳城。耳城下200米处，左右还各有一口面积几十亩的长方形护城池。并有两座炮台位于护城池南北。如此坚固的城防，坚守了35年。后来四川盆地北面的一些要塞，自1258年开始先后失守，1275年岷江流域乐山的三龟九顶城等也陷落，神臂城成为川江西段的一座孤城，被敌围困近两年。守将刘整请降，命许彪孙写降书，许彪孙拒绝，以身殉城。至今古城西面石壁分布着多处石刻，最为有名的当属"刘整降元"和"许彪孙托孤"两幅。

合江崖墓群是全国重点文物保护单位，分布在长江、赤水河、习水河沿岸丘陵和山区谷地。芭蕉湾、鱼天堂、佛子岩、高村、梭滩石五处崖墓群相对集中。合江崖墓群形态独特，为横穴式小墓室。

图10-32　神臂城遗址的城门

10.5 四面丹崖尽瀑布, 老瀛红层多龙迹

江津四面山景区的面积为 213.37 平方千米, 位于长江支流綦江的支流笋溪河流域, 与贵州习水三岔河景区和合江福宝景区相邻。由于笋溪河对位于太和向斜内 275~375 米厚的白垩系红砂岩被强烈侵蚀, 四面山丹崖林立, 瀑布众多。以望乡台瀑布为代表的瀑布群分列群山, 其中垂直落差在 100 米以上的瀑布有 3 处, 80 米以上的瀑布有 11 处, 50 米以上的瀑布有 37 处, 故四面山有"千瀑之乡"的美誉。望乡台瀑布位于笋溪河源头附近, 悬挂于瀑布侵蚀后退形成的环状丹霞地貌的后壁。望乡台瀑布高 158 米, 宽 48 米, 是中国迄今为止发现的丹霞地貌区单级落差最大的宽幅瀑布 (略低于宽幅单级落差 165 米的广西喀斯特区的通灵瀑布), 曾被誉为"华夏第一高瀑"和"中国最美十大瀑布"之一 (见图 10-33)。

图 10-33 江津四面山望乡台瀑布

瀑布周围环绕丹霞崖壁, 整体轮廓酷似心形, 也被誉为"天下第一心"。如此高坠落的瀑布, 有万马奔腾的磅礴气势。水口寺瀑布高 94.18 米, 宽约 30 米, 最大的流量为每秒 120 立方米, 也悬挂在一个瓮形围谷的丹霞地貌后壁, 崖壁下的额状洞可通行人, 呈现出观水帘奇景 (见图 10-34)。土地岩瀑布悬垂于长 376 米、高 127 米的土地岩崖壁上, 高约 89 米, 宽约 25 米。此外, 四面山景区还有小洞口瀑布、鸳鸯瀑布、珍珠湖瀑布等, 也

各有特色。由于丹崖、瀑布、森林的装点，四面山的景色十分秀美。四面山灰千岩有古巴人岩画，画长 163 米、高 8 米，分布面积为 1 300 多平方米，内容为牛、熊、鱼、山羊等动物，此种古岩画在我国西南地区很罕见，具有重要的历史文化价值。四面山有动植物 2 795 种，银杏、桫椤等珍稀植物 36 种，云豹等国家重点保护动物 40 种，是"天然物种基因库"。

图 10-34　江津四面山水口寺瀑布

江津大圆洞国家森林公园位于江津李市西南的四面山中，因其形状为环状，这种地貌又俗称为"圆洞"（见图 10-35）。大圆洞国家森林公园面积约为 34.59 平方千米，属中亚热带常绿阔叶林带，森林覆盖率为 95.4%。园内动、植物资源丰富。此外，园内还有崖墓、石刻、古栈道等文化遗迹。

江津石门侏罗系中的假丹霞崖壁有明清摩崖石刻，其中高 13.5 米的观音造像。

图 10-35　江津四面山大圆洞一角

綦江国家地质公园以丹霞地貌为主体，由古剑山、老瀛山、翠屏山三个园区组成，总面积99.98平方千米。其中，核心景区位于老瀛山和翠屏山，以典型稀有的木化石群景观、恐龙足迹化石群景观和丹霞地貌景观为主体，是一处古生物化石集中产地，已发现古脊椎动物足迹656个。綦江国家地质公园里更存有世界最大古鸟足迹、中国保存最完美鸭嘴龙足迹、中国数量最多翼龙足迹等珍贵遗迹。足迹产出层位之多、数量之大、分布之密、类型之齐、保存之全，在国内外均属罕见。恐龙足迹化石群位于三角镇红岩坪村老瀛山丹崖的额状洞内，有329个恐龙足迹，这是迄今为止在我国西南地区白垩系地层中发现的最大规模的恐龙足迹群。科考人员根据现场调查与综合研究命名了甲龙亚目的中国綦江足迹、兽脚亚目的敏捷足迹、鸟脚亚目的炎热老瀛山足迹、莲花卡利尔足迹等新属种。其中，綦江足迹是中国首次发现甲龙类的足迹。连续分布的足迹还构成明显的行迹，行迹方向具有规律性，为验证当时恐龙的行为习性提供了可靠证据。除足迹而外，现场还发现了恐龙皮肤印痕、毛发、粪便等化石。綦江恐龙足迹群对于研究该地区在白垩纪时期古生态学有着重要意义。翠屏山园区集中分布了大量1.5亿年前的木化石。其中，最长的达28.9米，直径达1.1米，化石硅化、化石钙化、树皮煤化并存。马桑岩木化石群出露于侏罗系中统沙溪庙组，是我国西南地区规模最大、保存最完整的木化石群之一，其中出土的大小木化石有29根。

老瀛山（海拔1 354米）和古剑山（海拔1 145米）主要由白垩系红色的砂砾岩层和红色砂泥岩层组成陡峻的山壁或山峰，赤壁丹崖广泛发育，美景千姿百态，极具观赏价值。主要景观有丹霞赤壁、望夫石、飞来石、石鼓、牛鼻石等。古剑山还是西南地区最有名的佛教圣地。图10-36是綦江老瀛山虎山丹霞地貌。图10-37是綦江老瀛山穿风洞。

在綦江国家地质公园的地质博物馆中，古生物藏品丰富，有大量的古生物化石以及恐龙足迹与丹霞地貌图片。化石中有高度5米多，长度15米的綦龙、綦江鳞齿鱼、海百合、鱼龙，以及木化石、恐龙足迹等（见图10-38）。

图 10-36　綦江老瀛山虎山丹霞地貌

图 10-37　綦江老瀛山穿风洞

图 10-38　綦江老瀛山莲花保寨恐龙足迹

11 四川盆地中部丹霞地貌区

四川盆地中部覆盖着侏罗系红层，其上统多有块状紫红色砂岩，足以构成丹霞地貌；其中统在四川盆地东南也常有块状红色砂岩分布于四川盆地东面的平行岭谷区褶皱带的向斜部位，并形成了一些丹霞地貌。其余区域主要为块状非红色砂岩（夹红色泥）、页岩，形成了"假丹霞地貌"。本区域的丹霞地貌景点密集区是重庆大足和四川安岳，其余地区都分布得比较分散。

11.1 唐宋蜀中多大佛，荣资金身耀千年

荣县与资阳分别位于四川盆地西部的铁山背斜的南面和北面，都是侏罗系红层分布区。在资阳的南部与荣县的中侏罗统沙溪庙组，紫红色泥岩夹块状黄灰、绿灰色长石英砂或长石砂岩，有利于摩崖刻凿。四川在唐宋时期流行开凿大佛像（见图11-1、图11-2），它们的假丹霞崖壁也就成了最佳的石窟地址。

在资阳的南面碑记镇半月山，唐代开凿了资阳大佛（也叫半月山大佛）。资阳大佛始凿于唐太宗贞观十七年（643年），用了150年时间，相传其7代人，才建成初具形态的大佛像。到公元1131年完全竣工，资阳大佛的建成共历时484年。资阳大佛造像凿于半月山西坡的半弧形崖壁环抱之中，坐东面西。石窟从山腰直达山顶，为梯形敞口平顶龛，大佛高24.2米，肩宽9米，胸阔11.2米，耳长2.5米，为四川省第三大佛。在资阳大佛东面、沱江河畔的骑龙坳，也开凿了骑龙坳大佛，又称河东大佛，它建

造于唐武则天时期，历时90年而成。河东大佛为弥勒盘腿坐佛，双手合十，身高10.5米，肩宽6.2米，头部3.3米，也是四川不多见的高10米以上的大佛之一。河东大佛坐东面西，其脚下500米便是秀美沱江。石窟两侧的崖壁各有高2米的石龛，右为"日月观音"，左为"送子观音"，形态优美，刻工细腻，刀法流畅。河东大佛两壁，碑文重叠，宋元明清四代释门弟子多有补建的文字记载，资料十分珍贵。河东大佛左侧崖壁上，有10尊佛与菩萨造像，大佛右侧崖上，开凿有十八罗汉洞，洞深8.4米、宽12.4米、高4米，十八罗汉沿洞壁石刻，每尊罗汉高1.6米左右。

图 11-1　荣县大佛寺与荣县大佛

图 11-2　资阳大佛

荣县大佛位于荣县城郊大佛寺后面的真如山（海拔414米）山崖上，为唐代所刻，佛像坐南面北，是一尊释迦牟尼造像，佛身通高36.67米，头长8.76米，肩宽12.67米，膝高12米，脚宽3.5米，是世界第一大释迦牟尼佛（现世佛），第二大石刻大佛，仅次于乐山弥勒大佛（未来佛）。荣县大佛与乐山大佛相距不足百里，各有特点，映衬成趣，自古以来就有"嘉州大佛雄，荣州大佛美"之誉。荣县大佛右手抚膝，左手托摩尼珠，在全国大型石刻造像中独一无二。荣县大佛后半山有一"啸台"古迹，传说是晋代著名隐士孙登长啸处，孙登长啸，其声悠扬，有如凤凰之音。清朝嘉庆二十一年（1816年），知县宫监桂捐资在大佛西面的崖壁上镌刻"达摩渡江图"，主像达摩高4.9米，近乎圆雕。达摩脚踏芦苇，波涛汹涌，僧衣随风卷起，颇具神韵。啸台的崖壁还有唐宋摩崖造像：西方极乐世界与十八罗汉，其中"罗汉群龛"高3.4米，宽4.6米，深0.46米，刻有六尊罗汉。中间浮雕一株桃树，枝上悬一仙桃。靠仙桃的罗汉，双手交叉放在胸前，悠闲自在；另一尊罗汉面朝仙桃，似无动于衷。这些造像表现了他们超脱凡尘，不为利禄所动，雕刻布局合理，已被《中国美术全集》四川石窟雕塑卷收集。荣县大佛为全国重点文物保护单位。荣县西面长山五通坝平畴上有一孤立的假丹霞石堡，高约40米，地貌特殊，名叫"真武山"。真武山在宋代已很有名气，现代建有寺庙一座，名叫"醒悟寺"，形成"山是一座寺，寺是一座山"的景观。荣县东面的威远县境东部中侏罗统底层的崖壁上开凿有佛尔岩大佛石窟，窟内有接引佛摩崖造像一尊，为圆雕立佛。造像通高13.42米，佛身高10.56米，右手长垂，左手托莲，两耳垂肩，胸部袒露，袈裟衣纹古朴潇洒。此佛为晚唐作品。

侏罗纪时期，自贡这一带是开阔的滨湖地带，气候炎热，水草丰茂，是恐龙理想的生活场所，而大山铺一带又是风平浪静的砂质浅滩，在此死亡的以及被河水从远处搬运来的恐龙尸骸，都被浅滩上的泥沙掩埋起来。尸骸的堆积与泥沙的掩埋交替进行了很长时期，再经过以后漫长岁月，终于形成了今天所见的含化石的砂岩层①。大山铺恐龙化石遗址化石富集区达1.7万平方米，分为3~4个小层。在仅800多平方米范围内，科考人员就挖掘出恐龙化石近百个，完整和较完整的骨架30余具。其恐龙动物群包

---

① 叶源洪. 自贡·中国恐龙之乡［EB/OL］. (2021-09-20)［2023-01-05］. http://www.m.thepaper.cn/baijiahao_14590729.

括 3 个纲、11 个目、15 个科、近 20 个种，并出土了一批珍贵的伴生动物化石。荣县青龙山恐龙化石群属于中侏罗世时代，分布面积为 10 万平方米，部分地段化石重叠堆积，种类丰富，是继大山铺恐龙化石群后发现的又一恐龙化石富集区。该遗址分布范围较大，化石埋藏比较集中，层叠堆积，连续分布，化石露头随处可见，以蜥脚类恐龙骨骼为主，也有肉食恐龙及蛇颈龙牙齿化石，为异地埋藏化石遗址类型。青龙山恐龙化石群的发现进一步弥补了全球中侏罗世恐龙化石较为缺乏的困境，解决大山铺恐龙化石群研究中有争议的问题。

11.2 安岳石刻精又广，大足石刻名远扬

四川安岳和重庆大足相邻，都有侏罗系上统蓬莱镇组紫红色块状砂岩地层，这里的丹崖较之四川盆地中部广泛分布的中、上侏罗统岩石颜色更为鲜艳，又易于刻凿，于是这里的上侏罗统的丹霞崖壁，兼及中侏罗统红层的非红色砂岩崖壁，成为唐宋摩崖石刻的集中地，并有大量精品。其作品年代始于南唐，盛于唐、五代和宋。

安岳号称"石刻之乡"，全县有摩崖造像 220 处，共造像 10 余万尊。其中，高逾 3 米的上百尊，至今保存完好；具有一定规模和文物价值的石窟有 45 处。卧佛院、毗卢洞、千佛寨、圆觉洞、华严洞、玄妙观、茗山寺、孔雀洞、木门寺 9 处为全国重点文物保护单位；四川省级文物保护单位有庵堂寺、佛耳岩等 19 处；市级文物保护单位 1 处（福应山唐代大佛），县级文物保护单位 30 处。几乎每个乡都有大型石窟造像遗址，主要为民间结社造像，以佛教石窟为主，也有部分道教造像，三教合一的造像也不在少数。安岳石窟拥有几大之最：最大的唐代石刻左侧卧佛以及 21 万字石刻佛经，中国最精美的观音像——毗卢洞北宋紫竹观音，唐代最大的道教石刻群——玄妙观石窟，五代最集中的石窟群——庵堂寺等。大部分安岳石窟保存完好，特别是宋代造型更是达到中国石窟艺术的巅峰，具有很高的观赏价值。安岳石窟艺术，上接云冈石窟、龙门石窟，下延大足石窟，具有石窟艺术传承的重要意义。目前，安岳石窟已列入世界文化遗产名录预备清单。

卧佛院位于安岳县城以北 2.5 万米的卧佛沟。在长约 1 000 米的卧佛沟内，两侧高 20 余米的丹霞崖壁上，保留着盛唐摩崖造像 1 613 尊，石刻经文 15 窟，碑刻、题记、经幢、异兽图像等数十处。卧佛院以《释迦牟尼涅槃圣迹图》最为壮观。释迦牟尼向左侧身横卧在崖壁上，身长 21.3 米，头长 3 米，肩宽 3.1 米，背北面南，头东脚西，两手平放，闭目似睡。其体态修长，身着袈裟，曲眉丰颐，慈祥端庄（见图 11-3）。

图 11-3　安岳卧佛沟石窟之唐代造像《释迦牟尼涅槃圣迹图》

全图雕刻精致，线条洗练，形象地展示出释迦牟涅槃时超脱一切的境界。卧佛的上方有一组释迦牟尼涅槃前说法的造像，中坐释迦牟尼，两侧分两层侍立九弟子、两菩萨，表情各异，既烘托出他们恭聆佛法的肃穆情景，又展现出护卫佛法的威严场面。卧佛沟约 800 米长的悬崖峭壁上开凿有 55 个藏经龛窟，镌刻有《佛名经》《大般涅槃经》《妙法莲华经》等。卧佛及石刻佛经皆为盛唐时期的杰作。而且造像的风格与洛阳龙门奉先寺造像风格相似，所刻的佛经也来自洛阳敬爱寺和白马寺。

千佛寨位于安岳城西的大云山上，是一处红层岩墙，地层为上侏罗统遂宁组紫红色砂质泥岩夹块状泥质砂岩和石英砂岩。南北岩壁上凿有大小龛窟 105 窟、造像 3 064 尊，还有摩崖佛塔浮图 7 座、唐碑 3 块、历代题记 26 处。千佛寨是安岳石窟中创建年代最早、规模较大的一处石窟造像群。其中，唐代药师经变造像全国罕见，而男性女装飞天石刻也为全国仅有。最大的 56 号窟镌刻的观音像以精美著称，头戴镂空高冠，五官精致，含情脉脉，似妙龄少女。

毗卢洞位于安岳东南的石羊镇塔子山上，地层为上侏罗统遂宁组紫红色砂质泥岩夹块状泥质砂岩和石英砂岩。造像开创于五代后蜀时期，这里曾经是五代至北宋年间四川佛教密宗的主要道场之一。毗卢洞共有石窟20窟，造像465尊，题刻题记32处。主体正中刻毗卢佛像（见图11-4），高4.5米，两侧为天王、力士。颇具特色的是崖壁两侧刻有柳本尊十炼图，呈现了柳本尊修炼过程中如何舍掉手指、眼睛等器官的过程。毗卢洞最具有艺术价值的是观音堂内雕刻的那尊"水月观音"，人们将其称为"紫竹观音"，英籍华人作家韩素英把她誉为"东方的维纳斯"，是全国少有的北宋石刻艺术珍品。这尊紫竹观音高3米，悬坐于峭岩石窟之中。她背倚浮雕的紫竹和柳枝净瓶，头戴富丽华贵的贴金花冠；蛾眉上竖，凤眼下垂；上身穿短袖薄裟，袒胸裸肘，璎珞披身；下身长裙薄如蝉翼，衣裙飘逸。她坐于一张弧形荷叶上，左赤脚悬于莲台，右腿弯曲上翘，故人们将其称为"翘脚观音"。紫竹观音仿佛就是一位风姿绰约、温柔可人的妙龄女郎。看了紫竹观音后，人们不得不为宋代雕刻大师们那出神入化、巧夺天工的精湛技艺所折服。

图11-4　安岳毗卢洞的毗卢佛头部（宋）

华严洞石窟位于石羊镇东部的箱盖山，建造于宋代，现存北宋的华严洞和南宋的大般若洞两大石窟，内有造像159尊，历代碑刻题记24处。它是安岳石窟中最大的、保存较完好的洞窟。华严洞所造的毗卢、文殊、普贤"华严三圣"雕像，高 5.2 米，左右有并排高 4.1 米的"十大菩萨"坐像，洞壁刻满"经变"故事图景。造像中的人物，个性鲜明，比例均匀，穿戴华丽，特别是十大菩萨的面部刻画得十分细腻，连环画式的"善财童子五十三参求法图"也极具特色。华严洞窟口两边刻有下山狮、准提佛母，皆面相凶恶，与慈悲的佛、菩萨及多变的善财童子五十三参，形成了鲜明的对比。大般若洞为儒、佛、道三教合窟造像。

圆觉洞石窟位于安岳城郊的云居山，现存 103 窟，造像 1 933 尊。圆觉洞石窟造于唐代，现存以五代、北宋的石窟为主。山南区有供养人像，山北有毗卢佛和灵觉圆菩萨 12 尊（见图 11-5），即十二圆觉大士，故名圆觉洞。洞壁镂刻有亭台楼阁，花鸟鱼龙，山水奇石，烟云缭绕。洞口上方凿一天窗，光线射入，使洞内显得明暗相映，把菩萨像烘托得更加妙丽庄严，人们到此，好似进入一座富丽堂皇的宫殿。

图 11-5　安岳圆觉洞圆雕佛像

此外，安岳城西北的鸳大镇集圣山一平顶巨石上，开凿有唐代玄妙观石窟，现存窟龛 79 个、造像 1 293 尊、唐碑 4 通、题记 4 处，且以道教造像为主。安岳东南与大足交界处的顶新虎头山有宋代茗山寺石窟，窟龛 20 个，造像 63 尊，造像总长达 350 米，气势宏伟，石像高大。佛祖、菩萨多为慈眉善目，神态安详，宝冠装饰无一雷同（见图 11-6）。文殊师利菩萨

左手托经书外伸 1.5 米，书和手的重量上千斤，历经千年不毁，全靠高
2.2 米的垂地袈裟支撑，造型十分精妙。与茗山寺相邻的孔雀洞石窟，有
大小龛窟 8 个、造像 75 尊、碑刻题记 6 处，此处造像开创于北宋，最引人
注目的是孔雀明王造像，龛正中刻一立体全身孔雀，高 2.3 米，其上趺坐
一个四臂之孔雀明王，造型优雅，保存完好。孔雀洞后山顶上，有一唐代
高台座经目石塔，高 15 米，浮雕小佛像 24 尊，该塔古朴秀丽，保护完好，
在四川省石塔中属罕见。

图 11-6　安岳茗山寺石窟观音与大势至菩萨像

　　重庆大足石刻是世界文化遗产。大足石刻位于重庆市大足区境内，其
开凿的崖壁的地层与安岳类似，在上侏罗统红层的红色砂岩和石英砂岩陡
崖上遗存了宝贵的艺术作品。石窟始建于公元 650 年，是唐末、宋初时期
宗教摩崖石刻，以佛教题材为主，儒、道教造像并存，是著名的艺术瑰
宝，有"东方艺术明珠"之称。大足石刻群有 66 处、1 030 龛、5 万余尊
宗教石刻造像、铭文 10 万余字，以北山、宝顶山、南山、石篆山、石门
山，共"五山"摩崖造像为代表。其中，以宝顶山和北山的摩崖石刻最为
著名，以佛教造像为主，是中国晚期石窟造像艺术的典范，是古代汉族劳
动人民卓越才能和艺术创造力的体现。

　　北山摩崖造像近万尊。造像题材在当时极为流行，是佛教世俗化的产
物，异于中国前期石窟。该石窟的开凿年代以公元 10 世纪后期至 12 世纪
中叶的宋代造像数量最多，在全国宋代石窟中首屈一指。这一时期的作品

更加贴近生活，体现了宋代的审美情趣。它没有汉代画像的苍劲古拙，也不具备南北朝造像的巍峨伟岸，更不似唐代造像的雄浑壮丽，它具有自己的独特风格——清丽俊逸，而这种变化又离不开继承与借鉴。在继承传统技巧方面，可以明显地看出，在造像人物的衣褶上，有着从汉代画像流传下来的"曲铁盘丝"般的线条；在菩萨的宝冠和衣饰上有着典型的传统装饰；在大起大落的块面划分和浑圆刀法的运用上，仍能看出犍陀罗艺术的影响。北山石刻起于晚唐昭宗景福元年（892年），经五代至南宋绍兴时期（未包括少量晚期造像），历时250余年。造像主要集中在佛湾，共有290个龛窟，其中五代约有106个龛，晚唐约有20个龛。五代造像占北山造像的三分之一以上，是中国这一时期造像最多的地区，有着承上启下的重要作用。造像题材有18种，出现了药师经变、陀罗尼经幢等新内容。其艺术特点是小巧玲珑，体态多变，神情潇洒，纹饰渐趋繁丽，呈现出由唐至宋的过渡风格，既有唐代雕刻的丰满古朴，又具宋代造像的修长身躯。晚唐造像题材有12种类型之多。其中，第245号窟的无量寿佛经变相内容丰富，层次分明，刻"西方三圣""三品九生""未生怨""十六观"，以及伎乐天人、楼台亭阁等；人物造像539身，各种器物460余件，保存了多方面的史料，在中国石窟同类题材造像中首屈一指。宋代造像题材广泛，多达21种，尤以观音最为突出，被誉为"中国观音造像的陈列馆"（见图11-7）。这一时期的作品更加贴近生活（见图11-8），体现了宋代的审美情趣。造像具有人物个性鲜明、体态优美、比例匀称、穿戴艳丽等特点。最具代表性的是建于公元1142—1146年的第136号转轮经藏窟。该窟造像以恬静的面部反映内心之宁静，以玲珑的衣冠显示身份的高贵；以线造型，线面并重，富有中华民族特色。造像多为璎珞蔽体，飘带满身，花簇珠串，玲珑剔透，装饰味浓，且多保存完好，宛如新刻，被公认为"中国石窟艺术皇冠上的一颗明珠"。第125号数珠手观音、第113号和第133号水月观音、第155号孔雀明王窟、第177号泗洲大圣龛、第180号十三观音变相窟等都是这一时期的珍品。

图 11-7　大足北山日月观音像

图 11-8　大足北山普贤像

此外，普贤的雕像也十分优美（见图11-9）。这些造像的形象、姿态、性格、神情以至衣褶、饰物等，皆耐人寻味；组合变化丰富，刻工精美，出人意料的意境层出不穷。北山摩崖石窟中，现存碑碣7通。其中，《韦君靖碑》具有补唐史的重要价值；《赵懿简公神道碑》系宋代四大书法家之一的蔡京所书，为书法艺术之珍品；《古文孝经碑》则被史家们称为"寰宇间仅此一刻"。这些对历史地理、宗教信仰、石窟断代分期、历史人物等的研究皆具较高价值。

图11-9　大足北山养鸡女像

宝顶山石刻，包括以圣寿寺为中心的大佛湾、小佛湾造像，由时称"第六代祖师传密印"的赵智凤于南宋历时70余年开凿而成，是一座造像近万尊的大型佛教密宗道场。

宝顶山石刻总体呈 U 形，其中最突出的是释迦涅槃圣迹图，龛高 7 米，宽32米，深5米，刻像37尊，是大足石刻中体量最大的一尊造像，在大佛湾内占据了最显赫的位置。大足宝顶卧佛全长 31 米，头北脚南，背东面西，右侧而卧。两眼半开半闭，似睡非睡，安详而平静，佛经里叫释迦涅槃圣迹图。涅槃是佛教的最高境界，是修行圆满，从生老病死以及各种欲望的苦海中解脱出来，进入"不生不死"的理想境界，这也是众生皈依佛法所追求的最高理念。宝顶山这尊卧佛是半身像，其下半身隐入岩石之中。这种意到笔不到的手法，会有让人意想不到的艺术效果（见图11-10）。华严三圣像依崖屹立，三尊佛像高 7 米，身向前倾25 度，雕塑师增大了佛像头部，缩短胸部，成功地避免了透视变形，并使观者仰望时，感觉到佛是在俯视自己，仿佛关注芸芸众生。华严三圣像所穿的袈裟褶皱舒展，披肩持肘，直至脚下，支撑手臂，使文殊菩萨手中所托数百斤重的石塔历千年而不下坠。中间一尊像是佛教密宗所供奉的主尊毗卢遮那佛，两侧分别是普贤和文殊菩萨。大方便佛报恩经变相龛，高7.3米，宽15.6米，深18.2米，刻像68尊。龛正中刻释迦牟尼佛半身像，左右壁图文并茂，刻释迦牟尼佛前世今生因地修行、行孝12组雕像，宣扬佛祖释迦牟尼佛种种难舍能舍、难为能为的自我牺牲精神。观无量寿佛经变相龛，高8.1米，宽21.6米，深3米，刻像面积达160多平方米，刻像169尊。这龛造像亦称"西方净土变"，其规模之大，堪称全国同类题材之冠。父母恩重经变相龛，高7米，宽14.5米，深2.5米，刻像44尊，上部刻贤劫七佛半身像，下部中央刻"投佛祈求嗣息图"，左右连环画式地刻出父母含辛茹苦抚育子女的10组雕像，情节连贯，形象生动，是佛教中国化后的造像。毗卢道场窟是宝顶山石刻两处洞窟造像精品之一，高6.6米，宽11.6米，深4.2米，表现了佛教密宗主尊毗卢舍那佛给诸菩萨、僧众说法的场景，造像精细富丽，形神兼备，窟壁正中以高浮雕的形式刻着转轮经藏，中间端坐着毗卢遮那佛。九龙浴太子龛，利用崖上的自然山泉，在崖壁上刻九龙头，导泉水至中央龙口喷出，让涓涓清泉长年不断地洗涤着释迦太子，设计巧妙。在神奇的千手观音龛，宋代的艺术家在这里精工打造了一尊拥有1 007只手的名副其实的千手观音，并覆以金箔，全龛金碧辉煌，被誉为"天下奇观""世界石刻艺术之瑰宝"。

图 11-10　大足宝顶山释迦牟尼涅槃相

圆觉洞窟是大佛湾内最大的洞窟造像。在洞壁的正中刻着结跏趺坐的三身佛：中间是法身佛（毗卢遮那佛），左边是报身佛（卢舍那佛），右边是应身佛（释迦牟尼佛）。在三身佛前跪着一位合掌菩萨，以示十二菩萨轮流礼佛问法。洞口的上方开了一小扇天窗，由天窗射入一束日光，照在佛前长跪的菩萨身上。洞壁的两侧俨然整齐地并坐十二圆觉菩萨。圆觉洞造像融装饰、排水、采光于一体，充分显示出古代雕塑大师的雕刻技艺。宝顶山的雕刻艺术之美，难以一一细述，以上仅略加介绍，有的精品仅陈列于博物馆中，如图 11-11、图 11-12、图 11-13 所示。

图 11-11　大足宝顶山大方便佛报恩经变相

图 11-12　大足宝顶山柳本尊十炼图

图 11-13　大足石刻馆藏的观音像

大足南山石窟位于大足城南约 2 000 米的南山。南山石刻开凿于南宋绍兴年间，造像崖面长 80 余米、高 3~10 米，明清有增补。南山石窟主要有真武大帝龛、后土三圣母龛、三清洞、龙洞等道教造像题材，是中国南宋时期雕刻最精美、神系最完备的道教造像群。南山石窟有碑刻题记 28 件，其中的《何光震饯郡守王梦应记》碑，记载了公元 13 世纪中叶四川东部遭蒙古军攻掠后的社会政治历史的基本情况，保存了许多珍贵的第一手资料，具有"以碑证史""以碑补史""以碑断代"的重要价值。

石篆山石窟位于大足的三驱镇，为典型的佛、道、儒"三教合一"造像石刻，开凿于北宋时期。石篆山石窟位于大足城东 2 万米的石马镇丹霞地貌典型的石门山（地层为上侏罗统蓬莱镇组红砂岩），为宋代石刻，其中有造像 12 龛窟，尚存造像记 20 件，碑碣、题刻 8 件。石门山摩崖造像为佛教、道教合一造像，尤以道教造像最具特色，佛教造像也十分优美（见图 11-14）。此外，大足城北中敖镇有舒成岩摩崖石窟，开凿于一块侏罗系巨石之上，是一处比较纯正的道教石刻，共 5 龛。大足城西 2 万米的季家有妙高山石窟，共 12 窟，其中的"三教"窟，只见正中释迦佛坐莲台上，两旁有迦叶、阿难二侍者；左壁有道教坐像及二侍者；右壁有儒家，也是一坐像、二侍者。这种布局比较少见，实属珍贵。

图 11-14   大足石门山石窟菩萨像

11.3   钓鱼城独钓蒙元，石宝寨古建奇特

钓鱼城位于重庆市合川区，嘉陵江与其支流涪江和渠江的汇合处，扼重庆北大门，地位特殊，形势险要。在三江汇合处，干流嘉陵江向西弯曲，加上汇入的渠江，形成一个向西突出的半岛，半岛地层为中侏罗统沙溪庙组红层，紫红色泥岩夹块状灰紫至灰白色砂岩。块状砂岩构成了半岛区域相对高度300米的钓鱼山及其陡峭崖壁（见图11-15）。钓鱼城是国家级风景名胜区、全国重点文物保护单位。这里是宋、元时期的古战场，也是创造中外战争奇迹的军事要塞。钓鱼城古战场遗址至今保存完整，主要有城门、城墙、皇宫、武道衙门、步军营、水军码头等遗址，有钓鱼山、护国门、悬佛寺、千佛石窟等名胜古迹，还有元、明、清三代遗留的大量诗赋辞章、浮雕碑刻。1241年蒙古帝国大汗窝阔台去世，内部斗争不断。南宋充分利用此良机，对各个战场的防御进行调整、充实。1242年，宋理宗派遣在两淮抗蒙战争中战绩卓著的余玠入蜀，出任四川安抚制置使兼知重庆府，以扭转四川的颓势。1243年，余玠采纳播州（今遵义）冉琎、冉璞兄弟建议，遣他们兄弟复筑钓鱼城（1240年前彭大雅初筑钓鱼城），移

合川州治及兴元都统司于其上。同时，余玠全面完善抗蒙城寨体系，钓鱼城成为保卫当时四川政治中心重庆的中坚、抗蒙"八柱"之首。1252 年蒙军灭大理，对南宋形成包围夹击之势。1258 年，蒙古大汗蒙哥分兵三路侵宋。蒙哥自率一路兵马进犯四川，相继攻陷四川北部的苦竹寨、运山城、大获城、青居城、云顶城等"八柱"主要堡寨，钓鱼城前哨大良城也失守，蒙古大军迫近钓鱼城。1259 年 2 月蒙哥兵临合川钓鱼城下。蒙哥自恃东征西讨，所向披靡，然而在钓鱼城主将王坚与副将张珏的顽强抗击下，却不能越雷池半步。1259 年 7 月，宋军击毙蒙哥于钓鱼城下。从此，蒙古军停下了西征欧洲的铁蹄，也延缓了灭亡南宋的进程，钓鱼城保卫战改变了世界历史的进程。到 1279 年，钓鱼城才因四周城寨绝大部分陷落，孤立无援，守将为免城破被屠城而投降，前后坚持抗战 36 年之久。

图 11-15　树木掩映中的钓鱼城城墙与丹霞石壁

　　现存遗迹有古军营、输送兵力的"跑马道"（遗址总长 8 500 米，路面宽 3.5 米，可供"三马并进，五人并行"）、兵工作坊遗址"九口锅"、炮台遗址、城防栈道"上天梯"、城防暗道"飞檐洞"（利用岩石节理形成的裂缝形成仅单人可过的暗道）、八座城门中最为宏伟的一道险关"护国门"（见图 11-16）、嘉陵江中的"一字城墙"残迹等。后人铭记钓鱼城英雄业绩，还有南宋所建现在设为博物馆的护国寺，明清时期修建的忠义祠。钓鱼城历代题刻有 200 余处，摩崖造像有晚唐作品，长 11 米的悬崖上的卧佛一处。题刻中多为南宋、明、清对钓鱼城英勇抗战进行歌颂、评价的题材。

图 11-16　钓鱼城的护国门

　　石宝寨位于忠县石宝镇的长江北岸，是一处由中侏罗统沙溪庙组块状灰紫至紫红色长石砂岩夹紫红色泥岩构成的丹霞石堡地貌，作东西延伸。原来在江岸，现在因三峡大坝蓄水，已经成为江中一岛。石宝寨因地形奇特，岩石具有紫、红、白诸色，附以女娲补天传说，故名"石宝"，又因山形似印，又名"玉印山"。明末谭宏起义，自称"武陵王"，据此为寨，"石宝寨"之名由此而来。石宝寨是一座拔地而起四壁如削的孤峰，石宝寨始建于明万历年间。清乾隆初年，借助架于石壁上的铁索在山顶修建了一座寺庙，嘉庆年间又聘请能工巧匠研究如何取代铁索上山，于是便依山取势修建这座九层楼阁（当时名叫"岑楼"）。从此，香客及游人可免攀援铁索之苦，上楼直达山顶。塔楼依靠玉印山修建，依山耸势，飞檐展翼，造型奇异。整个建筑由寨门、寨身、阁楼组成，共 12 层，高 56 米，全系木质结构。石宝寨，原建是 9 层，寨顶有古刹天子殿，隐含"九重天"之意。顶上 3 层为 1956 年修补建筑时所建。寨门为砖石结构，高 6 余米，上题有瓷嵌的"小蓬莱"三字。寨门正反两面，有"五龙捧圣""哪吒闹海"等浮雕，精巧细致。三峡大坝蓄水后，为了解决山门前滑坡地带形成大量渗水这一难题，人们于 2009 年起历时 3 年多，在滑坡地带向下深挖了 30 米，加上地面的 20 米，一共修筑了 50 米高的水泥挡墙来形成围堤，以保护这一独特的文物。重新亮相的新石宝寨，在巨型围堤环绕下，成为长江上一处大型江中"盆景"，享有长江"小蓬莱"的美称（见图 11-17）。石宝寨是我国现存体积最大、层数最多的穿斗式木结构建筑，堪称巧夺天工，建筑奇观！美国探索频道称之为"中国七大奇观之一""世界八大奇异建筑之一"。石宝寨现为全国重点文物保护单位。

　　石宝寨之南的涪陵有全国重点文物保护单位——白鹤梁水文题刻（见图 11-18）。它位于涪陵城西长江中的中侏罗统红层砂岩构成的石梁上，东距乌江与长江汇合处 1 000 米。板状砂岩斜卧江中，利于石刻。石梁长约 1 600 米，宽 16 米。在 5 000 多平方米岩面上，现存题刻 163 幅，计 1 万多字，还有石鱼 14 尾、观音 2 尊、白鹤 1 只，题刻人姓名全者 500 余人。其中，涉及水文价值的题刻有 108 段。白鹤梁是全世界唯一的一处以刻石鱼为"水标"，并观测记录水文的古代水文站，比 1865 年我国在长江上设立的第一根水尺的武汉江汉关水文站早 1 100 多年，故有"世界第一古代水文站"之称。自从唐代广德元年（763 年）前刻鱼以记录最枯水位，并预示将有丰年以来，历代以刻鱼、题字记录水文，就不断延续。题刻中以宋代居多，次为元、明、清三代和近现代。联合国教科文组织将此地誉为"保存完好的世界唯一古代水文站"。白鹤梁题刻记录了自唐朝以来 1 200 多年间长江中上游 72 个年份的枯水水文资料，为利用长江进行灌溉、航运、发电以及城市、桥梁建设等提供了可靠依据，具有很高的科学价值；又是珍贵历史文献，有的可补史书阙误；还具有较高书法和文学艺术价值，是世界水文史上的奇迹。白鹤梁上还有黄庭坚、朱熹、王士祯等历代墨客骚人的诗文题刻，篆、隶、行、草皆备，颜、柳、黄、苏并呈，有较高的艺术价值，故有"水下石铭"之美誉。白鹤梁上的石鱼石刻，不仅有重要的科研和史料价值，还有独特的艺术价值。它既是长江枯水位的历史纪录，又有"石鱼出水兆丰年"和"年年有余（鱼）"之意。因此，古人在白鹤梁上刻有"枯水季节，若石鱼出水面，则兆年丰千年如许"的石刻题记。据有关部门观测，白鹤梁唐代石鱼的腹高，大体相当于涪陵地

区的现代水文站历年枯水位的平均值，而清康熙二十四年（1685 年）所刻石鱼的鱼眼高度，又大体相当于川江航道部门当地水位的零点。白鹤梁原址水下保护工程成为三峡工程的四大文物保护项目之一。为了保护这一世界性的特殊文物，2003 年动工，创造性地修建了世界上唯一在水深 40 米处的白鹤梁水下博物馆。该博物馆于 2009 年正式落成，2010 年正式开放，供游人观览。

图 11-18　涪陵白鹤梁水文题刻

石宝寨北面跨长江两岸的万州处于川东陷褶束向斜部位，大面积出露红层的中、上侏罗统地层，不乏紫灰、浅红至灰黄色块状砂岩夹棕红色泥岩的地层，构成了一些方山、岩堡，可以天城山为代表。天城山海拔 467 米，呈南北走向，南北长约 1 500 米，东西宽约 500 米，自古是"万州八景"之一。这里扼守长江交通要道，是天然的军事要塞，历来为兵家必争之地。三国时刘备曾在此驻兵。南宋抵抗蒙元入侵时，这里是川中主要堡寨的"八柱"之一，是南宋守将上官夔抵抗元军的据点。天生城与合川钓鱼城、忠县黄（皇）华城等都是宋军最后陷落的抗元据点。现在天生城石壁上有多幅摩崖石刻，其中有有关天生城战事的记录，很有历史价值。在明末清初，天生城也是抗清据点。天生城下苎溪河上，有一红色砂岩因所夹的钙质泥岩被溶蚀、侵蚀形成的大型丹霞天生桥，长数十米，美丽壮观，名为"天仙桥"。20 世纪 30 年代美国柯达公司将"仙桥虹济"照片收入《世界风景集》。20 世纪 80 年代初，此处风景照片曾在美国旧金山展出。

12 川西高原、山地丹霞地貌区

川西高原、山地虽然有不少红层分布区，尤其南部的横断山区侏罗系、白垩系红层分布面积广大。但由于岩性与产状的限制，多数难于形成顶平、身陡的丹霞地貌，少数具有丹崖的丹霞地貌也多是很不稳定的单面山崖壁。只有那些以红砾岩为主，或产状平缓的块状红砂岩区域，才形成了丹霞地貌。但是这一区域的古近系紫红色的砾岩造就了盐源盆地的奇特丹霞地貌和新龙高山区的寒冻丹霞地貌。

12.1 公山母山狮子山，清水泉水南海水

公母山位于四川横断山区南部的盐源盆地，在古近纪，盆地沉积下了500~1 000米的灰紫、紫红色砾岩、角砾岩夹砂岩，地层取名"丽江组"，与云南丽江黎明、剑川石钟山丹霞地貌的地层相同，也是一套山间盆地的磨拉石建造，倾角15度。公母山位于盐源城南5 000米处。这里是一个小盆地，盆边的山叫狮子山。盆地四周丹崖赤壁环绕，如五面大旗，人称"五杆旗"，分别是石钟山、笔架山、照壁山等。母石在狮子山下，高约100米，底部直径约25米，外形作纺锤状，中间裂开为二，裂隙节理洞穴方向25度，倾角85度，下宽1.5米，上部仅留细缝，二石相靠。母石洞穴可容一人通过，巨大的两片岩石，好似巨大的莲花瓣，故此山又名"莲花山"（见图12-1）。公石位于距母石西约300米的狮子山山脊上，高约40米，古人因其形似金钟倒扣，取名石钟山。母石峰顶有一株古茶树，郁郁葱葱，但无人可攀其顶。小盆地中有两股清泉汩汩从岩石缝中涌出，滋

润了小盆地中的草木，不少古树在此盘根错节，郁郁葱葱。母石前，树木掩映中，有几座庙宇拥挤地分布在这里，它们是观音殿、玉皇殿、文昌殿等。在寺庙的对联中，有两副颇能反映这里的特色。一副是"公山母山公母山山山相映，清水泉水清泉水水水长流"，另一副写的是"怪石耸奇峰，公母生存不息；旱莲开并蒂，阴阳造化无穷"。盐源除公母山外，在红岩子、黄草也有砾岩形成的丹霞地貌，它们分布在通往泸沽湖的沿线。

图 12-1　盐源公母山之母山

　　盐源东部的白垩纪西昌古湖区域，由于红层多为细砂、粉砂岩及泥岩，块状砂岩较少，加之地层褶皱变形强烈，形成的丹霞地貌比较零散。北部的喜德两河口以南，米市向斜的北部，由安宁河支流孙水河的次级支流瓦尔沟切割上白垩统小坝组的紫红色块状与厚层砂岩而成一线天峡谷，谷内层峦叠嶂，并有一瀑布名为瓦尔瀑布，总落差 78 米，分为三叠，平均流量每秒 0.9 立方米，赤壁翠谷，白练高悬，颇为壮观（见图 12-2）。瓦尔沟口的黑老林峡谷也有丹霞地貌，这里地层倾向 110 度，倾角 21 度。此处丹霞地貌具有丹崖接近山顶，其下有巨厚的倒石堆的特点。其原因是这里的岩层为细砂与粉砂岩，层厚多在 1 米左右，垂直节理与层面节理发育，地震频繁，崖壁的重力崩塌强烈，因而丹崖下生成数倍于其高度的倒石堆。西昌古湖南部的会理、会东一带，侵蚀基准面低，流水侵蚀作用强烈，形成了一些丹霞地貌，以会理鲹鱼河下游的石门坎奇石谷（黎溪奇石谷）的壶穴最具特色。上白垩统红砂岩的壶穴地貌奇观长约 3 000 米，河床宽约 50 米，壶穴地貌面积约 3 万平方米，壶穴大小不一、深浅不一，或圆或扁，有的如壶、有的像锅。峡谷两旁的石壁也被溪水雕刻成形似山水和动物的壁画。形状多样的石壁和石槽，把整个河谷装扮得就像一条画廊，令人目不暇接。壶穴小的为 10~50 厘米，大者为 1~3 米，最难得的典型壶穴地貌景观（见图 12-3）。此外，会理石头峰、会东老君山一带也有部分丹霞地貌分布。红军长征时曾从会理南金沙江皎平渡渡过金沙江北上穿越城河红层谷地，到达会理。现在会理建有红军长征纪念馆。

图 12-2　喜德白垩系红砂岩上的瓦尔瀑布

图 12-3　会东老君山下鲹鱼河的石门坎奇石谷壶穴

攀西地区攀枝花市南端金沙江畔与云南永仁相邻地带有上三叠统红层分布，其所含的红、紫色细砂岩构成丹霞地貌（云南永仁永定河龙虎啸最为雄伟）。此种细砂岩名为苴却石，是攀枝花名砚"苴却砚"的岩石源地。

12.2　新龙红山耀眼红，雪域丹霞寒冻成

新龙位于川西高原甘孜州雅砻江干流所经，其西北的银多乡甘孜—理塘大断裂西侧有一断陷的箕状构造古近系红层盆地，其紫红色砾岩与砂砾岩的厚度在 800 米以上。新构造运动对地层的强烈抬升，使得红层分布在海拔 4 200～5 000 米一带。数十万年冰雪侵蚀、寒冻风化，以及雅砻江支流阿色曲的强烈侵蚀、重力崩塌，造成了此地海拔达到高山、极高山的色彩绚丽、造型奇特的典型的高寒型丹霞地貌。超过 5 000 米的丹霞山峰有 10 余座，高差大于 800 米。丹霞地貌核心区的山脉长约 1.9 万米，平均宽度约为 2 000 米，平均海拔 4 100 米。高寒地带的植被稀少，冰劈、风蚀、水蚀、雪蚀、崩塌，以及冻融等作用强烈，使得红层大面积裸露，红色山峦绵延不断，当地称之为"红山"。红山的丹霞地貌——石峰、石柱、石窗，似兽、似鸟，形态各异。这里集丹霞高山、雪山、温泉、瀑布、草甸、森林于一体，极具美学价值和观赏价值，是一处观光的绝佳之地（见图 12-4、图 12-5、图 12-6、图 12-7、图 12-8）。此外，新龙四大神山的新龙县最高山峰卡洼洛日雪山（海拔 5 992 米）、霍曲、图根曲一带也有部分丹霞地貌分布。

图 12-4　新龙红山丹霞全景

图 12-5　红山林带以上的丹霞景观

图 12-6　冰雪、寒冻使得红山的山峰凸凹崎岖

图 12-7　红山残余的草甸与红山丹霞相映成趣

图 12-8　红山的丹霞石柱

　　川西高原北端的石渠长沙贡马和阿坝一带有古近系红层分布，零星地有一些不高的丹霞地貌。其中最突出的是若尔盖的红星，它的丹霞地貌与甘肃郎木寺的丹霞地貌连成一片，同是一个古近纪的凹陷小盆地，白龙江上游流经这里。地貌为丹霞方山，丹崖高踞于很厚的坡麓堆积物之上，拱卫着山下的寺庙和小镇，环境优美。红星南面是辽阔的热当坝草原，湿地多湖泊。川西高原的松潘南部的红土，古近系红土坡组红色碎屑岩推覆于较新的新近系马拉墩组之上，形成了丹霞地貌。其范围虽小，但成因特殊，是研究丹霞地貌成因的一个不可多得的标本。

参考文献

[1] CHEN S F, LI M W, FAN Q. Low genetic diversity and weak population differentiation in Firmiana danxiaensis, a tree species endemic to Danxia landform in northern Guangdong, China. Biochemical [J]. Systematics and Ecology, 2014 (55): 66-72.

[2] QI D YU R. Comparative studies of danxia landforms in China [J]. Journal of geographical sciences, 2005, 15 (3): 337-345.

[3] MA C, ZHU C. Danxia landform genesis of the Qiyun Mountain, Anhui Province [J]. Journal of geographical sciences, 2006, 16 (1): 45-56.

[4] ZHAO X, ZHAO T. Discussion on danxia landform [C]. Proceedings of the Third international symposium on development within geoparks, International, 2009 (6): 67.

[5] CHEN L Q, GUO F S. Upper cretaceous alluvial fan deposits in the jianglangshan geopark of southeast China: implications for bedrock control on danxia landform evolution [J]. 山地科学学报（英文版）, 2017, 14 (5): 926-935.

[6] 冯景兰. 关于"中国东南部红色岩层之划分"的意见 [J]. 地质论评, 1939 (Z1): 173-184.

[7] 曾昭璇, 黄少敏. 中国东南部红层地貌 [J]. 华南师院学报（自然科学版）, 1978 (1): 56-73.

[8] 刘胤汉. 丹霞地形 [J]. 中学地理教学参考, 1979 (Z1): 19-21.

[9] 胡丽珍, 林炜, 陈桂萍, 等. 粤北红盆内典型地貌之一"丹霞地貌"考察报告: 记中国自然地理实习 [J]. 教育与进修, 1983 (2):

33-34.

[10] 张彦儒. 青城后山红层岩溶景观类型及其成因机制与旅游价值探讨 [J]. 四川地质学报, 1988 (2): 21-24.

[11] 黄进. 中国丹霞地貌类型的初步研究 [J]. 热带地貌, 1991 (S1): 69-81.

[12] 钱复生. 丹霞地貌: 齐云山 [J]. 地球, 1990 (3): 2.

[13] 陈传康, 高豫功, 俞孔坚, 等. 丹霞风景名胜区的旅游开发研究 [J]. 地理学报, 1990 (3): 284-294.

[14] 王乃仙. 雅丹与丹霞 [J]. 地球, 1990 (4): 17.

[15] 张彦儒. 试论青城前后山红层岩溶地貌及其旅游景观资源价值 [J]. 四川地质学报, 1991 (4): 290-299.

[15] 张显球. 丹霞盆地白垩系的划分与对比 [J]. 地层学杂志, 1992 (2): 81-95.

[16] 杨颖瑜. 关于丹霞地貌与丹霞旅游地貌定义的研究 [J]. 旅游学刊, 1993 (5): 48-51.

[17] 陈传康. 旅游地貌学: 应用地貌学的新发展 (第一届旅游地貌学术讨论会闭幕词) [J]. 人文地理, 1994 (2): 1-3.

[19] 罗炳生. 丹霞地貌形成过程的岩体温度应力效应 [J]. 广东工学院学报, 1994 (4): 1-7.

[20] 黄瑞红. 丹霞盆地地貌趋势面分析 [J]. 中山大学学报 (自然科学版), 1996 (S1): 104-109.

[21] 陈国达. 丹霞地貌 [J]. 科学新闻, 1999 (13): 24.

[22] 李明放. 红石丹霞 [J]. 对外大传播, 2001 (4): 37-38.

[23] 史延廷. 中国丹霞地貌旅游开发研究的新一代开拓者 [N]. 中国旅游报, 2002-11-22 (02).

[24] 周学军. 中国丹霞地貌的南北差异及其旅游价值 [J]. 山地学报, 2003 (2): 180-186.

[25] 范斌. 丹霞地貌与丹霞地貌旅游资源研究: 以滇西北为例 [D]. 昆明: 云南师范大学, 2003.

[26] 罗成德. 四川丹霞地貌的区域差异 [J]. 乐山师范学院学报, 2005 (12): 134-138.

［27］罗成德，王付军. 川西高原的地质、地貌旅游资源研究［J］. 乐山师范学院学报，2009，24（5）：74-77.

［28］罗成德. 丹霞地貌区域的自然灾害研究［J］. 乐山师范学院学报，2009，24（2）：89-91.

［29］罗成德，王付军. 小凉山区的丹霞地貌旅游资源研究［J］. 乐山师范学院学报，2007（5）：76-78.

［30］陈诗吉. 我国东南区和西北区丹霞地貌区域特征对比研究：以福建省和甘肃省丹霞地貌为例［J］. 安徽农业科学，2010，38（29）：16446-16448.

［31］林巧燕. 丹霞地貌［J］. 求是，2010（22）：38.

［32］程红宁. 丹霞地貌型风景区的保护与利用规划探析［J］. 山西建筑，2011，37（14）：181-182.

［33］林霁华. 丹霞地貌［J］. 宝藏，2011（7）：92.

［34］欧阳杰，朱诚，彭华. 丹霞地貌的国内外研究对比［J］. 地理科学，2011，31（8）：996-1000.

［35］罗成德，王付军. 丹霞地貌与宗教文化关系初步研究［J］. 乐山师范学院学报，2011，26（12）：82-85.

［36］欧阳杰，黄进. 中国丹霞地貌空间分布的探讨［J］. 地理空间信息，2011，9（6）：55-56，59，3.

［37］郭福生，姜伏伟，胡中华，等. 丹霞地貌危岩景观分类及可持续开发对策：以龙虎山景区为例［J］. 山地学报，2012，30（1）：99-106.

［38］嘉益. 封面照片说明：丹霞地貌［J］. 山地学报，2012，30（1）：126.

［39］彭华. 中国丹霞的世界遗产价值及其保护与管理［J］. 风景园林，2012（1）：63-67.

［40］陶宇平. 四川盆地丹霞地貌的体育旅游开发研究［J］. 中国商贸，2012（17）：179-180.

［41］李斌. 贵州丹霞药用昆虫概述［J］. 广东农业科学，2012，39（15）：188-190.

［42］李江海. 全球古板块再造、岩相古地理及古环境图集［M］. 北京：地质出版社，2013.

[43] 佚名. 丹霞地貌 [J]. 地球, 2013 (1): 95.

[44] 袁俊卿. 多娇江山: 丹霞地貌 [J]. 秘书, 2013 (3): 2.

[45] 彭莎. 丹霞地貌风景区规划设计研究 [D]. 福州: 福建农林大学, 2013.

[46] 李红, 叶欣, 马健, 等. 中国丹霞: 赤裸的侏罗纪红岩 [J]. 人与自然, 2013 (5): 14.

[47] 罗成德, 王付军. 中国丹霞地貌的区域差异 [J]. 乐山师范学院学报, 2013, 28 (9): 67-71, 102.

[48] 佚名. 中国丹霞 [J]. 世界遗产, 2015 (Z1): 218-227.

[49] 黄进, 陈致均, 齐德利. 中国丹霞地貌分布 (上) [J]. 山地学报, 2015, 33 (4): 385-396.

[50] 罗成德, 王付军. 四川盆地丹霞地貌与南宋抗蒙城寨 [J]. 乐山师范学院学报, 2015, 30 (8): 64-69.

[51] 黄进, 陈致均, 齐德利. 中国丹霞地貌分布 (下) [J]. 山地学报, 2015, 33 (6): 649-673.

[52] 余章曲. 机器学习在丹霞地貌信息系统的应用研究 [D]. 上海: 上海交通大学, 2016.

[53] 丁美琴. 丹霞地貌旅游景观开发研究初探 [J]. 旅游纵览 (下半月), 2016 (4): 22.

[54] 齐德利, 颜明, 闫丹, 等. 中国丹霞地貌的面积概算: 粤北坪石红层盆地的实证研究 [J]. 山地学报, 2016, 34 (2): 134-141.

[55] 罗成德, 王付军. 乐山市丹霞地貌研究 [J]. 乐山师范学院学报, 2018, 33 (8): 49-57.

[56] 罗成德, 王付军. 丹霞地貌区域的自然灾害研究 [J]. 乐山师范学院学报, 2017, 32 (4): 53-56.

[57] 罗成德, 王付军. 丹霞地貌崖文化初探 [J]. 乐山师范学院学报, 2016, 31 (12): 57-60.

[58] 郭福生, 陈留勤, 严兆彬, 等. 丹霞地貌定义、分类及丹霞作用研究 [J]. 地质学报, 2020, 94 (2): 361-374.

[59] 罗成德, 王付军, 孙永兴. 对丹霞地貌与其他地貌交集形成的两种特殊地貌的界定 [J]. 乐山师范学院学报, 2021, 36 (8): 49-57.

［60］乔恒忠，孙永兴，侯诗雨，等. 乐山大佛白垩纪丹霞红层物源分析：来自碎屑锆石 U-Pb 年龄的制约 ［J］. 乐山师范学院学报，2021，36（8）：58-64.

［61］唐国增. 图说张掖未解之谜旅游文化丛书 ［M］. 兰州：甘肃文化出版社，2014.

［62］姜勇彪. 江西石城盆地丹霞地貌与旅游开发 ［M］. 北京：地质出版社，2019.

［63］黄进. 武夷山丹霞地貌 ［M］. 北京：科学出版社，2010.

［64］赵汀，赵逊，彭华. 中国典型地学景观系列丛书论丹霞地貌 ［M］. 北京：地质出版社，2011.

［65］彭华. 丹霞地貌学 ［M］. 北京：科学出版社，2020.

［66］刘宁，戚正伟. 丹霞地貌信息系统 ［M］. 北京：中国石化出版社，2018.

后记

　　川、渝、黔北丹霞地貌景点众多，无论是美学价值、文化价值还是经济价值都有其独特之处，为我国发展西南地区的旅游事业提供了宝贵的资源。这一区域不乏环境优美、空气清新的山林、谷地、泉流、瀑布，气候宜人，方便避暑、康养。如此众多的丹霞地貌类型、纷繁多样的丹霞文化，是科学工作者考察研究不可多得的园地。这一区域的丹霞地貌资源仍然亟须保护，或继续提升保护力度。凡是自然因素与人类因素带来的破坏，都应当尽量避免。调查研究依然任重而道远，边远地区没有摸清家底的地方还不少；已知的地方，需要深度挖掘其价值的也非少数。川西高原和横断山区丹霞旅游资源的开发，关键在交通条件的改善。珍贵的新龙红山丹霞地貌之所以难以接近，主要是因为缺乏便捷的交通。唯愿这些问题早日得到解决。

　　本书对四川盆地及其周边丹霞地貌的论述及描写，以笔者多年的野外调查与研究为基础。在此过程中，笔者曾得到已故的中山大学教授、丹霞地貌研究先行者黄进先生，贵州赤水旅游局刘晓武等的支持和帮助，在此深表感谢。由于丹霞地貌学是一门新兴的学科，丹霞地貌也是近些年才被社会广泛重视的一种宝贵的旅游资源，有一些丹霞地貌还处于"养在深闺人未识"的状态，比如新龙红山丹霞就是近些年才被人知晓的。川西高原和横断山区的丹霞地貌还没有被全面调查过。因此，本书难免挂一漏万，还望读者不吝指正、补充。

孙永兴

2023 年 8 月